"十四五"西安外国语大学陕西省哲学社会科学重点研究基地"中国西部安全与区域合作研究中心"重点出版物专项规划系列丛书

伍云亮 著

西方
马克思主义意识形态
批判理论

THE CRITICAL THEORY OF
WESTERN MARXIST IDEOLOGY

社会科学文献出版社
SOCIAL SCIENCES ACADEMIC PRESS (CHINA)

前　言

意识形态工作极端重要，事关党的前途命运，事关国家长治久安，事关民族凝聚力和向心力，是为国家立心、为民族立魂的工作。当前，面对社会思想观念和文化价值取向日趋多元、主流和非主流同时并存、先进和落后相互交织、社会思潮纷纭激荡的新形势，如何巩固马克思主义在我国意识形态领域的指导地位、大力建设好社会主义意识形态、巩固全党全国各族人民团结奋斗的共同思想基础，成了政界、学界持续关注的热点问题。习近平总书记在党的二十大报告中再次强调，要"建设具有强大凝聚力和引领力的社会主义意识形态""牢牢掌握党对意识形态工作领导权""坚持马克思主义在意识形态领域指导地位的根本制度"。① 这一战略部署，为我们在新时代新的征程上继续做好意识形态工作指明了方向。

西方马克思主义自诞生以来，承继马克思哲学彻底的批判精神，与西方当代哲学、社会学等领域的其他理论成果交汇而成众多的学术流派，对发达资本主义社会展开了广泛而深刻的批判，如意识形态批判、技术理性批判、大众文化批判、性格结构与心理机制批判、现代国家批判、现代性批判等。其中，意识形态批判是西方马克思主义对发达资本主义社会展开激烈批判的一条鲜明的主线，从早期西方马克思主义，中期法兰克福学派、弗洛伊德主义的马克思主义、存在主义的马克思主义，到后现代的马克思主义，无不意欲洞穿当代资本主义社会的意识形态幻象，揭露资本主义社会的异化现象，寻求人类历史和人类文化演进中各种矛盾与冲突的解决之道。梳理其问题意识、独特视角、破解方法、经验教训，借鉴国外一切优秀理论资源和实践成果，对于新形势下我们做好意识形态工作具有重要的

---

① 习近平：《高举中国特色社会主义伟大旗帜 为全面建设社会主义现代化国家而团结奋斗——在中国共产党第二十次全国代表大会上的报告》，人民出版社，2022，第43页。

1

理论意义和价值。

　　全书由导论、正文七章、结束语、参考文献和后记等部分构成。导论部分主要包括研究缘起、研究意义、国内外研究现状述评、研究思路与方法等。正文第一至六章，对西方马克思主义各个时期、不同流派的意识形态批判理论进行了系统梳理分析，并且结合现实探讨其对于做好我国意识形态工作、推进社会主义文化建设的启示意义和借鉴价值。正文第七章对西方马克思主义意识形态批判理论进行了总结，对意识形态的理论研究和当代发展进行了展望。结束语部分对全书进行了总结，后记部分简单记述了笔者的一些研究心得和感悟。

　　意识形态是文化的核心。在新征程上，我们必须坚持以习近平文化思想为指导，坚定文化自信，秉持开放包容，坚持守正创新，构建具有强大凝聚力和引领力的社会主义意识形态，大力推进社会主义文化强国和中华民族现代文明建设。

目　录

导　论

一　研究缘起

经过 40 多年的改革开放，我国的社会经济得到了持续的发展，人们的生活水平不断提高，现阶段我国正在不断深化经济体制改革，推动社会转型。不过，在目前的改革深化期和转型期，各种问题和矛盾层出不穷，各式各样的非主流价值观念对我国的意识形态建设提出了挑战和难题，如何使人们形成良好的精神面貌，怎么将全体人民的力量更好地整合到发展这一时代主题中去，考验着我们的勇气和智慧。习近平总书记曾经多次指出，"意识形态领域斗争依然复杂，国家安全面临新情况"，[①]"意识形态领域存在不少挑战"。[②] 因此，意识形态工作异常关键，它关系到社会稳定和国家的长治久安，我们只有紧紧把握这一项工作的领导权，才能在新时期让中国特色社会主义理论真正深入人心。

21 世纪以来，党和政府高瞻远瞩地提出了一揽子旨在加强意识形态建设的策略方针。然而，随着大众文化和市民社会的兴起和发展，我国的社会结构复杂化、生活模式多样化、文化发展多样、社会心态多变、评价体系多维、社会期待差异不均等特征日趋明显。在这样的时代背景下，传统的以说教、灌输为主要形式的意识形态建设方法，显然不太符合时代要求。诞生于欧洲的西方马克思主义及其批判学说，比较全面地剖析了当代社会的特性，对资本主义意识形态的范畴、样式、作用、运行体制等都展开了比较透彻的分析，这些对于我国社会主义建设及其实践均具有一定的

---

① 习近平：《决胜全面建成小康社会 夺取新时代中国特色社会主义伟大胜利——在中国共产党第十九次全国代表大会上的报告》，人民出版社，2017，第 9 页。

② 习近平：《高举中国特色社会主义伟大旗帜 为全面建设社会主义现代化国家而团结奋斗——在中国共产党第二十次全国代表大会上的报告》，人民出版社，2022，第 14 页。

启发和借鉴意义。

二 研究意义

(一) 理论意义

第一，有利于进一步推进中国化时代化的马克思主义理论发展。西方马克思主义作为马克思主义思想整体的一个重要构成部分，不仅蕴含着丰富的意识形态学说，而且体现着西方国家研究马克思主义的最新动态。我们在研究西方学者的文化意识形态批判理论的过程中，必定会不断思索马克思学说的真实内涵，并用马克思主义基本原理去理解和剖析西方学者的观点。以此，通过中外学术思想的交流与互鉴，在"两个结合"的基础上，不断开辟马克思主义中国化时代化新境界。

第二，有助于进一步促进马克思主义意识形态理论研究。西方马克思主义比较全面地剖析了当代资本主义社会的意识形态特性，侧重于从意识形态在实践中的存在方式、运作机制以及重要功能等方面，论述意识形态对主体的文化价值建构的影响，从而大大拓展了马克思主义意识形态理论的研究范围。这些探索和由此形成的理论成果，都为我们的研究提供思路和方法，有利于我们更好地把握马克思学说的本质，并在实践中更好地丰富和发展马克思主义的意识形态理论。

第三，有利于进一步促进国外马克思主义研究。在我国学科专业设置中，国外马克思主义研究属于马克思主义理论一级学科门类下的二级学科专业，侧重于运用马克思主义的基本立场、观点和方法，对国外马克思主义各种思潮进行分析和讨论。而西方马克思主义是国外马克思主义的重要组成部分，西方马克思主义者秉承了马克思的批判精神，在多方面、多领域对西方发达国家展开了批判。其中，意识形态及其社会历史影响是他们持续关注的重要课题。意识形态常常具有替现状辩护的本质特征，这是西方学者在马克思那里学到的研究视角。于是，批判意识形态是他们一贯的做法。故此，研究西方马克思主义意识形态批判理论，相当于抓住了西方马克思主义思想发展的理论主线，有利于我们整体把握西方马克思主义理论的整体脉络，进一步促进对国外马克思主义理论的深入研究。

第四，有利于推进马克思主义人学思想的研究。西方学者在追问意识形态的本质和特点时，将他们的目光聚焦到了人的生存和发展问题上。而人学思想作为马克思学说的重要组成部分，也在他们研究意识形态这一问题的过程中得到发展和推进，尤其是他们基于对 20 世纪人类社会状况的揭露和思考而提出的一些观点，无疑为我们在新世纪继续开展马克思主义的人学思想研究提供了有益借鉴。

（二）现实意义

新中国成立以来，我们党继续将马克思列宁主义与我国的现实情况相结合，推动我国的主流意识形态建设。在 1978 年以后，重新确立了以经济建设为中心的发展道路。经过 40 多年的改革开放，我国经济发展取得了巨大的成绩，但经济快速增长的同时也产生了诸多不良的社会现象："拜金主义""享乐主义""利益中心主义"等思想盛行，急功近利、生活腐化等现象屡见不鲜。过去的挫折与教训警示我们要始终加强我国的意识形态建设。

植根于西方社会的西方马克思主义，对西方文化和社会现象的剖析，对资本主义意识形态操控主体思想的控诉和揭露，以及在实践中反思人的生存发展问题等做法，为我们解决目前社会发展中的诸多实际问题提供了借鉴，对我们在发展经济的同时促进人的发展、解决转型期的多方面矛盾冲突具有重要的借鉴和启发意义。

意识形态是文化的重要内容。当前，我国开启了全面建设社会主义现代化国家、向第二个百年奋斗目标进军的新征程，正以中国式现代化全面推进中华民族的伟大复兴。包括意识形态在内的文化建设以及文明复兴是实现中华民族伟大复兴的重要维度和必然选择。建设中华民族现代文明，必须坚守"不忘本来、面向未来、吸收外来"的中华文化立场，要在中西方不同文明的交流互鉴中充分地展现"尊重他者"与"自我认同"的文化自信。所以，研究西方马克思主义意识形态批判理论，借鉴西方马克思主义者对发达资本主义社会文化意识形态批判的理论成果，有助于我们扬弃西方中心主义的发展观和文明观，创造人类文明新形态，建设中华民族现代文明，在习近平文化思想的指导下，进一步做好我国的宣传思想文化工作，早日实现文化强国目标。

三 国内外研究现状述评

(一) 国外研究述评

国外学者的研究侧重于以下几个方面。

1. 意识形态及其形式的研究

"意识形态"概念是在启蒙运动时期由法国哲学家、政治家德斯蒂·德·特拉西 (Destutt de Tracy, 1754~1836) 在其著作《意识形态的要素》中最先提出来的,意指"观念的科学"。这种观念的科学作为一切科学的基础,主张使人们摆脱偏见,重建整个知识体系,通过设计一套国民教育方案,试图把法国改造成一个理性的社会。特拉西的这一理论曾为法兰西共和国的建立奠定了理论基础,但拿破仑称帝以后,特拉西的思想被视为帝国的敌人。拿破仑甚至把军队在欧洲战场的失败也归咎于意识形态的错误,认为要重建一个国家必须要废除这种形而上学和不切实际的思想学说。历史跟特拉西开了一个天大的玩笑,特拉西的宏伟抱负和美好初衷面临现实的尴尬和非难。意识形态由"观念的科学"变成"虚幻的形而上学",被赋予贬义,成了人们批判的对象。

后来,马克思也主要以批判的形式继承了意识形态概念,认为其代表着统治阶级的利益,没有自己独立的历史。马克思、恩格斯的哲学革命,批判了德国唯心主义哲学,创立了唯物史观。他们揭示过去的哲学从认识论的角度片面强化思维的独立性地位,用人的主观看法代替现实。他们说道,过去人们关于自身的虚假观念,是"他们按照自己关于神、关于标准人等等观念来建立自己的关系",因此现在"我们要起来反抗这种思想的统治"。① 这表明马克思、恩格斯已经与黑格尔的意志哲学和费尔巴哈的人本唯物主义哲学理论分道扬镳,开始于着力建立他们自己的实践观和历史唯物主义理论。

马克思、恩格斯指出,资产阶级意识形态"使一切本末倒置"。② 因为站在历史唯物主义立场上看,资本主义的劳动产品遮蔽了人与人之间的联系,反而统治着资本主义社会中一切人的思想。马克思、恩格斯认为:"占

---

① 马克思、恩格斯:《德意志意识形态(节选本)》,人民出版社,2003,第3页。
② 《马克思恩格斯选集》(第1卷),人民出版社,2012,第214页。

统治地位的思想不过是占统治地位的物质关系在观念上的表现，不过是表现为思想的占统治地位的物质关系；因而，这就是那些使某一个阶级成为统治阶级的各种关系的表现，因而这也就是这个阶级的统治的思想。"① 因此，任何时候意识形态都呈现出鲜明的阶级性。

显而易见，马克思、恩格斯对意识形态虚假性的批判，并没有停留在认识论的层面探讨意识形态与认识对象的不一致性，而是深入产生意识形态虚假性的现实土壤——社会存在中，深刻地揭示出了产生这种不一致的客观渊源。他们从利益的层面揭示出了意识形态的虚假性的内容和实质，这种分析方法给其后的思想家们研究这一理论提供了思考的路向。

出于各自不同的需要和视角，后来的学者对意识形态的含义和形式展开阐述，对意识形态进行分类。

首先，卡尔·曼海姆（Karl Mannheim，1893~1947）从知识社会学的角度区分了"意识形态"和"乌托邦"这两种意识形式，并提出"特殊的"和"总体的"两种分类，前者代表某一特定种类，后者指称一般的形式。他的这一分类法无疑受到韦伯（Max Weber，1864~1920）有关"价值中立说"思想的影响，偏离了传统的阶级性原则。发展到后来，他的意识形态理论对 20 世纪中叶兴起的"意识形态终结论"等社会思潮产生了不可小觑的影响，但同时也招致了马克斯·霍克海默（Max Horkheimer，1895~1973）等人多方面的批评。②

其次，雷蒙德·盖斯（Raymond Geuss，1946~　）提出了关于意识形态的三种意义上的划分，把意识形态概括为三类：描述性意义上的意识形态、批判性意义上的意识形态和积极性意义上的意识形态。盖斯指出，人们更多关注第三种，而忽视第一种。③

最后，其他学者的分类。弗雷德里克·詹姆逊（Fredric Jameson，1934~　）区分了七种不同的意识形态，④ 斯拉沃热·齐泽克（Slavoj Žižek，1949~　）

---

① 《马克思恩格斯全集》（第 3 卷），人民出版社，1960，第 52 页。
② 俞吾金：《意识形态论》，人民出版社，2009，第 248 页。
③ Raymond Geuss, *The Idea of a Critical Theory: Habermas and the Frankfurt School*, Cambridge: Cambridge University Press, 1981, p. 23. 转引自王晓升等《西方马克思主义意识形态理论》，社会科学文献出版社，2009，第 11 页。
④ 〔美〕杰姆逊讲演《后现代主义与文化理论》，唐小兵译，北京大学出版社，2005，第 231 页。

概括出三种不同的形式。①

2. 对传统马克思主义意识形态理论的解读

西方著名学者戴维·麦克莱伦②（David Mclellan，1940~　）认为，马克思之后的意识形态研究在下列几个方面取得了突破：首先是形成了第二国际的经济决定论思想；其次是列宁给予的中性定义，指出其对革命和实践起着重要的指导作用；最后是卢卡奇等西方马克思主义者把工人运动失败的原因归结于无产阶级阶级意识的缺失，主张展开主观上的意识革命。③麦克莱伦的上述总结可以看作对马克思之后的意识形态理论研究作了一次系统分析和总结，具有极大的概括性。

当然，还有很多学者根据时代发展的需要对传统的意识形态理论进行了不同角度的解读和阐述，这在后面的章节将重点阐述。

3. 对当代资本主义意识形态问题的思考和批判

国外学者根据资本主义发展的不同时代特征，着重思考了意识形态与政治、科学技术、文化、交往、精神分析等几个方面的关系问题。鉴于其中的西方马克思主义者的观点在后面章节会重点阐述，笔者在此只选择部分典型人物的思想进行简单述评，只对部分人物的观点加以引证评述。

首先，意识形态与政治的关系问题。卢卡奇、葛兰西等人认为，缺乏阶级意识、忽视文化上的领导权是无产阶级革命受挫的深层原因。因此，工人的阶级意识的自觉生成、掌握文化上的领导权，才是首要的前提。④ 法兰克福学派的赫伯特·马尔库塞（Herbert Marcuse，1898~1979）认为，人们思维的单向度和社会的单一化趋势，是异化社会的意识形态运行的结果，目的都是保障统治者的统治和利益。⑤

20 世纪中叶后，丹尼尔·贝尔（Daniel Bell，1919~2011）等人认为，

---

① 〔斯洛文尼亚〕斯拉沃热·齐泽克等：《图绘意识形态》，方杰译，南京大学出版社，2002，13~20 页。

② 也有学者将之翻译为"大卫·麦克里兰"。

③ 〔英〕大卫·麦克里兰：《意识形态》，孔兆政、蒋龙翔译，吉林人民出版社，2005，第 28~38 页。

④ 俞吾金、陈学明：《国外马克思主义哲学流派新编·西方马克思主义卷》（上册），复旦大学出版社，2002，第 10~11 页。

⑤ 〔美〕赫伯特·马尔库塞：《单向度的人——发达工业社会意识形态研究》，刘继译，上海译文出版社，1989。

东西方意识形态之间不存在差异，也就不再存在政治上的对立，现在谈论这种古老的观念问题，已经没有必要了。① 后面的事实证明，贝尔等人的看法是缺乏远见的，事实上，终结的正是他们的观点本身。此外，特里·伊格尔顿（Terry Eagleton，1943~　　）提醒，作为利益和权力斗争的产物，意识形态绝不是和权力争斗与政治博弈毫不相干的。②

其次，意识形态与科学的关系问题。由于马克思主义理论将科学排除在意识形态概念之外，国外像路易·皮埃尔·阿尔都塞（Louis Pierre Althusser，1918~1990）等大多数学者也因此认为应该把意识形态和科学区分开来。也有人持相反的观念。列宁根据实践的需要，区分了有产者的和无产者的意识形态，坚持后者是科学的，对现实具有指导作用。③ 马尔库塞指出，发达国家的科学技术业已具备意识形态的作用，需要展开批判。尤尔根·哈贝马斯（Jürgen Habermas，1929~　　）继承并发展了马尔库塞的思想。④

再次，意识形态与文化的关系问题。法兰克福学派侧重于揭示社会大众受到了商品社会的意识形态操控。詹姆逊和伊格尔顿也研究了意识形态和文化的关系，前者提出了“认知测绘”理论，后者阐述了文化的意识形态内涵。此外，美国人类学家克利福德·格尔茨（Clifford Geertz，1926~2006）甚至将一切文化现象理解为意识形态，或者说，意识形态自身就属于文明体系。因此，意识形态是作为集体智慧之表达或伪装，而且，通过这种意识形态的投射（或伪装），人们获得了认识社会的集体模型。⑤

复次，意识形态对人们交往的作用。哈贝马斯不仅认为科学技术业已成为发达工业社会的意识形态，⑥ 而且认为人的行为活动主要表现为劳动和交往两种类型。在晚期资本主义社会中，这种新的“技术统治的意识”的影响更加潜移默化和细致入微，更令人难以察觉和反抗，人们更容易认同

① 〔美〕丹尼尔·贝尔：《意识形态的终结：50 年代政治观念衰微之考察》，张国清译，江苏人民出版社，2001，第 68 页。
② Terry Eagleton, *Ideology: Introduction*, London：Verso, 1991, p. 18.
③ 参见《列宁选集》（第 2 卷），人民出版社，2012，第 96 页。
④ 欧力同、张伟：《法兰克福学派研究》，重庆出版社，1990，第 14 页。
⑤ 〔美〕克利福德·格尔茨：《文化的解释》，韩莉译，译林出版社，1999，第 263 页。
⑥ 〔德〕尤尔根·哈贝马斯：《作为“意识形态”的技术与科学》，李黎、郭官义译，学林出版社，1999。

资本主义的合法性，① 从而失去怀疑、批判和寻求解放的动力。而科技作为新的意识形态，不仅体现了劳动的合理化，也会影响到人们在人际交往中的目的合理性，对交往合理性造成了影响和损害，因此需要反思并扬弃这种晚期资本主义社会中人的自我物化现象。哈贝马斯试图通过劳动和交往关系的分析，把问题转向劳动领域中的人的交往，来寻觅主体的解放道路。但他没有看到的是，只有扬弃整个资本主义，才能真正实现人的自在交往。

最后，意识形态与精神分析（或者心理）的关系问题。19 世纪末 20 世纪初，以叔本华和尼采为代表的唯意志主义思潮反拨了黑格尔泛理性主义倾向，开始从新的角度批判传统的意识形态。在他们的影响下，西格蒙德·弗洛伊德（Sigmund Freud，1856~1939）创立了无意识理论和精神（或者心理）分析学说，开创了与马克思主义历史唯物主义理论不同的社会理论。与马克思重视经济因素对社会生活的决定作用不同的是，弗洛伊德更加重视无意识和性的决定性作用。② 弗洛伊德更多强调的是本能和无意识的作用，这一做法对意识形态理论的发展产生了极大的影响。二战前后，威尔海姆·赖希（Wilhelm Reich，1897~1957）、埃利希·弗洛姆（Erich Fromm，1900~1980）、马尔库塞等人都积极地探讨了意识形态与无意识、意识形态与社会性格的关系等问题。而到了 20 世纪 60 年代后，由于受到雅克·拉康（Jacques Lacan，1901~1981）"回到弗洛伊德"口号的影响，阿尔都塞、齐泽克等人运用拉康结构主义精神分析学说，展开了结构主义范式的意识形态批判，并逐渐汇聚成为西方学术界正在流行的消解主体哲学的后现代主义思潮。

通过上述分析，可以看出，国外学者的研究，具有多种理论路径和研究范式，在某种意义上拓展了意识形态的外延，展现了马克思学说在当代的生命力。但他们并没有真正"回到"或者"超越"马克思的理论，有的人只是借马克思主义的名义任意"炮制"或"制造"出自己的思想理论，他们无法清楚解决"资本逻辑主导下的人的现实生存危机"，③ 也没有真正找到从资本主义社会现有的生产方式和生活方式下走出危机的有效途径。

---

① 〔德〕尤尔根·哈贝马斯：《合法性危机》，陈学明译，（台北）时报文化出版企业股份有限公司，1994，第 39 页。
② 俞吾金：《意识形态论》，人民出版社，2009，第 177 页。
③ 焦鸿飞：《当代资本主义的危机及其启示》，《理论探讨》2015 年第 2 期。

（二）国内研究述评

尽管意识形态在我国古时就一直存在，但因为它过去常常与政治挂钩，国内的研究起步较晚，改革开放以来受西方理论影响才正式开始。主要侧重于以下几点。

1. 马克思的意识形态概念及其内涵

由于马克思并未对意识形态下过明确的定义，他先后用了不同的词语来表达自己的理解，这给后来人们把握其具体含义造成了困扰。① 因此，对于意识形态的概念和内涵到底是什么，国内学者各抒己见。

据我们考察，新中国成立后，嵇文甫在 1950 年的讲演稿中，最早从历史唯物主义角度讨论过意识形态问题，他提到：思想来源于生活并对生活具有反作用，这是一个复杂的过程。②

后来，随着探讨的深入，国内学者对马克思意识形态概念的认识主要概括为五种。

第一种观点是国内最典型的观点。俞吾金认为，马克思所说的意识形态，是阶级社会中作为统治集团权益、情感和意志的表达。③

第二种观点与之相类似。郑永廷等强调，它作为一种社会的观念上层建筑，体现的是特定阶层的"自觉意识"，代表着并服务于他们的经济利益。④ 徐海波也持相同的观点。⑤

第三种观点以周宏为代表，认为意识形态是在阶级社会中维护自己利益的"关于社会生活的集体无意识及其理论表现"⑥，并认为马克思的意识形态概念非常重要，基于它，马克思批判了资本主义社会，并创立了历史唯物主义理论。⑦

第四种观点以姚大志为代表，认为马克思的意识形态专指资产阶级的

---

① J. Larrain, *Marxism and Ideology*, London：Macmillan Press, 1983, p. 2.
② 嵇文甫：《关于意识形态——一九五〇年十一月十九日对河大史地系同学讲演》，《新史学通讯》1951 年第 1 期。
③ 俞吾金：《意识形态论》，人民出版社，2009，第 131 页。
④ 郑永廷等：《社会主义意识形态发展研究》，人民出版社，2002，第 22 页。
⑤ 徐海波：《"意识形态"与科学性》，《学术界》2002 年第 2 期。
⑥ 周宏：《理解与批判——马克思意识形态理论的文本学研究》，上海三联书店，2003，第 86 页。
⑦ 周宏：《马克思意识形态概念的思想资源》，《江苏行政学院学报》2005 年第 2 期。

思想观念体系，特别是指德国的历史哲学和唯心主义哲学。① 笔者认为，这种把马克思意识形态概念界定为德国唯心主义哲学的做法不是很妥当，它缩小了马克思意识形态概念的论述范围，因为马克思力图要反对的不仅包括资产阶级的，也包括其他一切不公正社会的统治思想。

第五种观点以张秀琴为代表，认为马克思所理解的意识形态，是作为观念上层建筑而与社会存在相对照的领域。② 笔者认为，这种理解又过于宽泛，因为社会意识不仅包括意识形态，也包括语言学、自然科学、逻辑学等其他的社会意识，意识形态只是社会意识中的一种而已。

此外，关于马克思是在何种意义上使用这一概念的，国内学者也形成了下列三种不同的看法。

第一种看法在国内最具有代表性。大多数人认为，马克思是在贬义的、否定性意义上使用这一概念。在俞吾金看来，把握了这一含义，就真正把握了要点。③ 季广茂也指出，马克思真正赋予了意识形态概念以贬义的色彩，并使之贯穿马克思学说的全过程中。④ 在侯惠勤看来，马克思总体上是从否定性的角度来界定意识形态概念的，并着重强调了意识形态的批判性维度。⑤

黄继锋、杨生平却持不一样的看法，认为它是描述性的，并不仅仅代表"虚假"意识，而且包括一定的政治、法律、哲学、宗教、艺术等。⑥ 这是第二种看法。

经过很长一段时间的争论，前面两种看法仍很难达成一致。第三种看法可看作前两种的综合或折衷，认为马克思在上面两种角度都做过阐述，有时甚至更多地倾向于中性意义上的论述。国内有学者就认为，当马克思后来用意识形态指称与社会的结构相关的观念体系时，它就不是贬义而是中性意义上的概念了。⑦

---

① 姚大志：《马克思主义意识形态概念的演变》，《河北学刊》1994年第4期。
② 张秀琴：《马克思与恩格斯意识形态观比较研究》，《马克思主义研究》2011年第2期。
③ 俞吾金：《意识形态论》，人民出版社，2009，第130页。
④ 季广茂：《意识形态》，广西师范大学出版社，2005，第28页。
⑤ 侯惠勤：《马克思的意识形态批判与当代中国》，中国社会科学出版社，2010，第20页。
⑥ 黄继锋：《马克思是在怎样的意义上使用"意识形态"概念的——评国外学者的几种解释》，《国外理论动态》2000年第5期。杨生平：《关于意识形态概念的理解问题——兼与俞吾金等同志商榷》，《哲学研究》1997年第9期。
⑦ 郑永廷等：《社会主义意识形态发展研究》，人民出版社，2002，第16～20页。徐彦伟：《否定与中性：马克思意识形态概念的文本考察》，《求索》2009年第7期。

通过分析，我们认为，尽管马克思偶尔也从中性的角度谈论意识形态，但从整体上来看，他主要还是从否定性角度来理解和运用它的。当然，马克思在这里主要侧重于从价值性的角度而非真理性的角度强调意识形态“虚假性”的否定性内涵。

2. 意识形态的社会功能研究

首先，关于意识形态的一般功能研究。许志功指出，意识形态是一个国家综合国力的体现。宋慧昌认为，意识形态的功能体现在政治、社会、思想和价值四个方面。另外，王迎新论述了在大众文化中，意识形态具有控制、渗透、逃离等功能。①

其次，如何看待马克思、恩格斯有关意识形态功能的分析。郁建兴认为，马克思看到了存在论旨趣，而不是过分强调意识的虚假性。张俊一谈到恩格斯的“意识形态的功能理论”，主要体现为制度功能和“反作用”功能两个方面。张秀琴归纳出，马克思是在思想、政治、文化三个方面探讨意识形态的作用。②

最后，近年来，国内学者朱虹、郑永廷、徐海波等，论述了社会主义意识形态的功能问题，尤其体现为意识形态对经济和文化的引导作用和建构策略。③

3.“意识形态领导权、话语权”研究

在我国社会主义现代化建设的进程中，马克思主义思想不断受到其他非主流思想和学说的挑战。故此，意识形态的领导权、话语权问题被众多学者所关注。王国敏等认为，其中最具代表性的思潮有，新自由主义、民

① 许志功主编《邓小平理论概论》，高等教育出版社，2001，第313页。宋慧昌：《当代意识形态研究》，中共中央党校出版社，1999，第10页。王迎新：《大众文化的意识形态功能研究》，南开大学出版社，2013。

② 郁建兴：《意识形态：一种政治分析——马克思意识形态概念新论稿》，《东南学术》2002年第3期。张俊一：《新制度经济学意识形态理论的哲学阐释——兼论马克思主义意识形态理论的新视角》，《哲学动态》2001年第4期。张秀琴：《论意识形态的功能》，《教学与研究》2004年第5期。

③ 朱虹：《论社会主义意识形态的基本功能》，《武钢职工大学学报》2000年第4期。郑永廷：《论社会主义意识形态的功能发展》，《中山大学学报》（社会科学版）2002年第6期。赵勇：《社会主义意识形态功能研究》，上海人民出版社，2012，第65页。徐海波：《意识形态与大众文化》，人民出版社，2009，第223页。陆树程、崔昆：《论社会主义核心价值体系认同的元问题——基于对马克思主义意识形态观的一种理解》，《马克思主义研究》2011年第8期。刘英杰、魏澂：《意识形态何以提高经济绩效——意识形态的经济功能分析》，《东南学术》2015年第5期。

主社会主义、历史虚无主义等。① 张骥等人认为，西方国家的话语霸权一直采取的是"西化"和"分化"策略，经济市场化和信息网络化也伴生出一些负面效应，对人们的思想观念产生不良影响。② 张士海等人从国际环境、国内环境、执政党主观原因等方面分析了我国当前意识形态领域面临的严峻挑战。③ 刘先春等人认为，要构建马克思主义意识形态优势话语权，一定要注重党员干部的表率带头作用，发挥榜样的力量。④

党的十八大以来，意识形态的重要性被党和国家领导人多次提及。2013年8月，习近平总书记在"8·19"重要讲话中强调，意识形态工作是关乎党的前途、国家命运、民族振兴的重要工作。⑤ 尤其是，党的十九大报告指出，现阶段我国"意识形态领域斗争依然复杂，国家安全面临新情况"。⑥党的二十大报告更是强调，新时代以来，我国"意识形态领域存在不少挑战"。⑦ 因此，关于意识形态领导权、话语权研究成为当前学界的理论热点。

郑永廷等分析了意识形态领导权对中国共产党执政的政治意义。⑧ 曾令辉等人指出，世界范围内的各种意识形态的碰撞和国内形势改变所造成的各种不同利益，导致了中国日益混乱和剧烈的意识形态斗争。⑨ 韩庆祥等人指出，只有实现马克思主义的"三化"（中国化、时代化、大众化），才能彰显马克思主义的影响力、生命力和感召力，进而赢得马克思主义的话语权。⑩ 冯刚分析了我国意识形态领域一元指导与多元发展相统一的规律，指

---

① 王国敏、李玉峰：《挑战与回应：坚守马克思主义在意识形态领域的主流地位》，《马克思主义研究》2007年第11期。

② 张骥、申文杰：《马克思主义意识形态话语权在我国思想宣传领域面临的挑战与实现方式探究》，《当代世界与社会主义》2011年第1期。

③ 张士海、施秀莉：《当前中国共产党"文化领导权"面临的挑战》，《理论探讨》2012年第2期。

④ 刘先春、关海宽：《马克思主义意识形态优势话语权的当代建构》，《上海行政学院学报》2010年第3期。

⑤ 参见《习近平总书记系列重要讲话读本》，学习出版社、人民出版社，2014，第105页。

⑥ 习近平：《决胜全面建成小康社会 夺取新时代中国特色社会主义伟大胜利——在中国共产党第十九次全国代表大会上的报告》，人民出版社，2017，第9页。

⑦ 《中国共产党第二十次全国代表大会文件汇编》，人民出版社，2022，第12页。

⑧ 郑永廷、任志峰：《社会主义意识形态领导权和主导权研究》，《教学与研究》2013年第7期。

⑨ 曾令辉、陈敏、石丽琴：《论加强我国社会主义意识形态领导权建设》，《马克思主义研究》2014年第1期。

⑩ 韩庆祥、陈远章：《马克思主义"三化"与话语权问题》，《上海师范大学学报》（哲学社会科学版）2015年第2期。

出新形势下我国马克思主义意识形态存在边缘化的风险。[①] 冯虞章认为，各级党委和政府是做好意识形态工作的主体。[②] 陈建兵等人认为，新时期党和国家领导人的讲话继承了中国共产党注重意识形态工作的优良传统，把党的意识形态工作提升到了新境界，为做好意识形态工作指明了方向。[③] 朱继东指出新时代要牢牢掌握意识形态工作的领导权、管理权、话语权。[④] 王永进对网络意识形态工作话语权的现状和路径进行了探讨。[⑤] 杨恩泽重点研究了延安时期文化领导权建设的内在逻辑。[⑥] 唐登然则探究了新时代如何建设高校的意识形态话语权。[⑦] 总之，国内学者一致认为意识形态关系到国家利益和安全，必须高度重视，要切实提升对它的领导能力、管理能力和话语掌控力。

4. 西方马克思主义的意识形态理论研究

作为西方学者文化研究的思想主线，意识形态理论必然引起国内学者的关注，国内主要探讨了下列问题。

首先，从观念史的角度梳理了西方马克思主义的意识形态理论。汪行福、俞吾金、张秀琴等人是这方面的代表。[⑧]

俞吾金系统梳理了马克思及其之后的马克思主义学者的意识形态理论。他坚定地站在历史唯物主义的立场上研究问题。他认为，马克思的意识形态理论作为一种"元批判"理论，其要点在于意识形态批判，而西方马克思主义继承和发扬了马克思的批判精神。[⑨] 俞吾金的研究抓住了意识形态批判的本质特征和历史唯物主义的核心内涵。[⑩]

国内其他学者也从考察意识形态概念史的角度论述了西方马克思主义

① 冯刚主编《新形势下意识形态相关问题研究》，光明日报出版社，2015。
② 冯虞章：《坚守马克思主义意识形态阵地》，《马克思主义研究》2014 年第 1 期。
③ 陈建兵等：《论习近平关于意识形态建设的重要论述及其意义》，《北京工业大学学报》（社会科学版）2018 年第 2 期。
④ 朱继东：《新时代党的意识形态思想研究》，人民出版社，2018，第 42 页。
⑤ 王永进：《网络意识形态工作话语权研究》，浙江大学出版社，2018。
⑥ 杨恩泽：《延安时期中国共产党文化领导权建设研究》，人民出版社，2020。
⑦ 唐登然：《高校意识形态话语权建设研究》，中国社会科学出版社，2020。
⑧ 汪行福、俞吾金、张秀琴：《意识形态星丛：西方马克思主义的意识形态理论及其最新发展势》，人民出版社，2017。
⑨ 俞吾金：《意识形态论》，人民出版社，2009，第 165 页。
⑩ 汪行福：《意识形态批判与历史唯物主义——俞吾金先生〈意识形态论〉的启示》，《复旦学报》（社会科学版）2012 年第 5 期。

意识形态问题。徐崇温较早就指出"西方马克思主义是一种意识形态",①姚大志也是最早探讨这一问题的学者之一。② 这些学者做了很多引导性的介绍和梳理工作。季广茂著的《意识形态》,③ 是一本言简意赅又脉络清晰的读本,他以"意识形态"作为关键词进行了概念史角度的梳理和述评。另外,车玉玲、黄新华等人在关于意识形态的论域、功能研究方面,探讨了意识形态理论的发展脉络,但没有使用比较研究方法展开研究。④

张秀琴则是开展比较研究的代表之一。她在其著作中指出,西方马克思主义尽管在认识马克思的有关思想上存在着许多误区,但西方马克思主义却在很多方面拓展和发展了马克思的意识形态理论。⑤ 另外,王晓升等著的《西方马克思主义意识形态理论》⑥ 一书从多个不同的角度系统梳理了各个不同时期共20多位思想家的意识形态理论脉络,也将各个时期思想家的思想按照不同主题进行了研究和比较。这一做法对我们研究国外的意识形态理论具有重要的借鉴意义。

总之,张秀琴、王晓升、吴根友⑦等人的比较研究方法,对于我们开展对不同意识形态理论的比较研究具有引领作用和借鉴意义,这方面的研究有待我们更深入地持续开展下去。

其次,关于西方马克思主义意识形态理论的历史逻辑问题研究。佩里·安德森(Perry Anderson,1938~   )早就指出,西方马克思主义形成以后,就一直围绕着文化、意识形态展开分析和批判。⑧ 国内研究者受其启发,也着重于梳理西方学者理论间的内在脉络。

彭冰冰在其著作中,按照"始源、偏离、转型、矫正、颠覆"的顺序,梳理出了西方马克思主义意识形态批判理论的内在演进规律、实质内容和

---

① 徐崇温:《关于"西方马克思主义"的几个问题》,《学术界》1994年第4期。
② 姚大志:《西方马克思主义的意识形态理论》,《求是学刊》1994年第2期。
③ 季广茂:《意识形态》,广西师范大学出版社,2005。
④ 车玉玲:《20世纪意识形态论域的三个维度》,《哲学动态》2002第12期。黄新华:《当代意识形态研究:一个文献综述》,《政治学研究》2003年第3期。
⑤ 张秀琴:《西方马克思主义意识形态理论的当代阐释》,中国传媒大学出版社,2005,第1~2页。
⑥ 王晓升等:《西方马克思主义意识形态理论》,社会科学文献出版社,2009。
⑦ 吴根友:《判教与比较——关于"比较哲学与比较文化研究"》,《哲学动态》2011年第5期。
⑧ 〔英〕佩里·安德森:《西方马克思主义探讨》,高铦、文贯中、魏章玲译,人民出版社,1981,第96页。

重要作用。① 尽管彭冰冰的某些观点在麦克里兰②、汤普森③等国外学者关于西方马克思主义意识形态理论的评述中已有呈现，但毕竟彭冰冰的这种思路和做法打开了更多人的研究视角。

诚然，对逻辑问题的梳理，其实质还在于学者们如何理解马克思的学说及其与后来人思想的联系。李萍指出，马克思意识形态理论的关键就在于其批判性，既批判了意识形态的虚假性，又祛除了意识形态之蔽。④ 这样，学者从不同的角度发表了自己的看法。⑤ 车玉玲认为，20 世纪的西方学者主要围绕政治、科学与意识形态的关系来展开研究，提出了三种不同维度的意识形态批判理论。⑥ 周宏、鲁路、汪行福等人也探讨了西方马克思主义开展意识形态批判的主题及其演变逻辑。⑦ 杨生平从存在论的视角，来重新解读意识形态批判理论的发展线索。⑧ 李明则主要从后现代性的角度探讨了让·鲍德里亚（Jean Baudrillard，1929~2007）、德里达、齐泽克等人的思想。⑨

上述学者关于西方马克思主义意识形态理论的逻辑问题研究的理论成果，为我们开展研究提供了一些思路和方法。

最后，研究的方式方法和目的探讨。这其实牵扯到我们研究意识形态问题的目的、途径和意义方面的思考，尽管学术界通过不同方法进行理论研究，但最后一定落脚到了如何把理论更好地运用于现实中这一问题。我们研究的最主要目的就在于：借鉴国外学者有关意识形态方面的理论研究与实践开展的经验。因为，时至 21 世纪的今天，虽然时代在改变，但意识

---

① 彭冰冰：《西方马克思主义意识形态批判的历史逻辑与现实意义研究》，中国社会科学出版社，2012。

② 〔英〕大卫·麦克里兰：《意识形态》，孔兆政、蒋龙翔译，吉林人民出版社，2005，第 7~12 页。

③ 〔英〕约翰·B. 汤普森：《意识形态与现代文化》，高铦等译，译林出版社，2012，第 32 页。

④ 张秀琴：《马克思意识形态理论的当代阐释》，中国社会科学出版社，2005，第 74 页。

⑤ 李萍：《马克思意识形态论》，中国社会科学出版社，2013，第 138~145 页。

⑥ 车玉玲：《20 世纪意识形态论域的三个维度》，《哲学动态》2002 第 12 期。

⑦ 周宏：《西方马克思主义意识形态理论的逻辑进程》，《南京社会科学》2004 年第 2 期。鲁路：《意识形态批判的嬗变》，《马克思主义与现实》2004 年第 4 期。汪行福：《社会统治与意识形态的关系——西方马克思主义的两种解释路向》，《国外社会科学》2013 年第 1 期。

⑧ 杨生平：《论西方马克思主义意识形态理论的存在论转向——兼论马克思主义意识形态理论》，《贵州社会科学》2011 年第 1 期。

⑨ 李明：《后马克思主义意识形态理论研究》，人民出版社，2011。

形态问题仍然在实际中凸显，甚至能够影响到我们每个人的日常生活和具体行为。一句话，意识形态并没有被终结，也没有退出历史舞台，其重要性不降反升。[①] 所以，我们研究意识形态理论的根本旨趣就在于指导我们的建设和实践。对于研究方法，国内学者提出"回到马克思的批判理论"以及用"马克思主义哲学中国化"的研究范式和方法等口号。[②] 但笔者认为，现在最为关键的问题是，我们不能仅仅停留在学术口号上，而应该切实把西方学者理论中的优秀资源挖掘出来，结合中国的实际，进行批判吸收，最终转化并落实到我国的伟大实践中去，为我们的社会主义现代化建设服务。

综观国内外的意识形态理论研究，国外学者取得丰硕成果，国内学者虽然对意识形态理论的研究起步稍晚，但也取得了斐然的成绩。然而这些研究仍然存在着某些不足和缺陷，尤其是在国外学者的意识形态批判理论的演进逻辑梳理和比较研究方面，这给我们的研究既提供了思路又创造了学术研究空间。

概括起来，目前国内对西方马克思主义意识形态理论的研究，存在下列几个方面的不足。

（1）研究内容有待充实。截至 2024 年 3 月底，以"意识形态批判"为"篇名"在"中国知识资源总库"（CNKI）中进行检索，共检索到文献 429 篇（发表年限集中在 21 世纪），从中国国家图书馆检索到相关著作 33 本。以"西方马克思主义意识形态理论"为"篇名"在 CNKI 中只检索到文献 18 篇，在中国国家图书馆检索到相关著作 7 本。而以"西方马克思主义意识形态批判"为"篇名"在 CNKI 中只检索到文献 9 篇，在中国国家图书馆只检索到相关著作 2 本。[③] 这表明我国学术界在总体上对西方马克思主义意

---

① 俞吾金：《"意识形态的终结"：一个被误置的口号》，《中国社会科学报》2012 年 2 月 29 日。

② 张一兵：《马克思哲学的当代阐释——"回到马克思"的原初理论语境》，《中国社会科学》2001 年第 3 期。俞吾金：《回到马克思的批判理论——当代西方马克思主义意识形态理论探微》，《国外社会科学》2014 年第 1 期。衣俊卿：《西方马克思主义的哲学范式转换及其启示》，《江苏社会科学》2006 年第 2 期。梁树发：《强化国外马克思主义哲学研究中的问题意识》，《河北学刊》2007 年第 4 期。王т辰：《用"马克思主义哲学中国化"的范式研究西方马克思主义》，《哲学研究》2008 年第 1 期。汪信砚：《作为研究范式的马克思主义中国化》，《江汉论坛》2008 年第 11 期。王雨辰：《西方马克思主义的学术传统与问题逻辑》，《中国社会科学》2010 年第 5 期。

③ 通过以上数据可以看出，尽管进入 21 世纪以来，关于西方马克思主义意识形态批判理论的研究成果丰硕了许多，但总体而言，研究内容仍然有待充实，尤其是对于西方马克思主义意识形态批判理论的专题式研究不多，这方面的学术专著更少。

识形态批判理论的把握还不够成熟，尚处于零散化和碎片化状态，尚存有进一步的研究空间，需要我们进一步加强系统性和整体性研究。

（2）研究方向有待拓展。国内学者目前大多侧重于对西方某些流派或者个别学者的批判理论进行研究，而在该方面的整体性研究明显不足，尤其是在此基础上梳理出西方马克思主义意识形态理论的发展线索及演进逻辑方面，研究成果还不是太多。

（3）研究视角有待丰富。尽管学者从不同方面论述了西方马克思主义的意识形态批判理论，但简单梳理可以发现，国内学者习惯于按照时间线索进行历时性研究，而共时性研究方面明显不足。在今后的研究中，我们尤其要在共时性研究上下功夫，把握好时空这两个维度的共同研究。

（4）研究方法有待改进。文本分析法、比较研究法和综合研究法是开展科学研究的重要方法。通过前面的分析可以看出，目前的研究在上述方法的运用上还做得不是十分到位。今后，我们应该重视认真阅读西方学者的理论"文本"，更主要的是要加强理论的纵向梳理和横向比较。另外，还应发挥不同学科的理论优势，进行整体性研究和不同学科间的交叉与融合。笔者认为，对西方马克思主义意识形态批判理论的深入探究，除了需要哲学和法学学科研究者参与之外，还需要心理学、社会学、经济学、文学、语言学等更多学科研究者的共同参与。

鉴于上述问题，我们只有取长补短、不断探寻这一理论的研究盲区，才能更好地推动该理论研究的持续发展。

本书就是在继承上述研究成果的基础之上，就西方马克思主义意识形态批判理论研究所做的一次学术上的努力尝试，以期在这方面能够开拓出新途径和新视野，进而促进意识形态理论的合理建构与发展。

四　研究思路与方法

（一）基本思路

本书的基本思路如下。首先，从概念上厘清意识形态的内涵，追索这一概念的历史来源，然后回到马克思、恩格斯等人的理论文本中，把握意识形态理论的内涵、本质、特点与逻辑，廓清马克思主义意识形态批判的理论地平和坐标，为后面章节的论述打好基础。其次，按照历史与逻辑相统一的原则安排章次，选取西方不同时期最有代表性的马克思主义学者的意识形态批判理论进行研究。通过总体性的批判考察，探析其合理性、透析其局限性、剖析其错误性，分析其对当代实践与文化价值建构的重要作用。最后，落脚于对意识形态与人的发展问题的思考。

（二）研究方法

其一，文本分析与比较研究相结合。在对西方马克思主义一系列重要文本进行认真研读的基础上，运用马克思主义基本原理辩证地评析各个时期思想家的意识形态批判理论的得失，对各个时期思想家的理论和观点进行比较分析与阐述。

其二，逻辑演进与历史考量相结合。按照西方马克思主义意识形态批判理论的历史发展与逻辑进程，安排本书的篇章结构和代表人物的先后顺序，把思想家的理论进行历史时代背景还原，在史论结合中梳理出西方马克思主义意识形态批判理论的演进逻辑。

其三，理论与实际相结合。在理论上阐明各个时期西方马克思主义意识形态批判理论的形成、演变以及主要内容的同时，深入分析其理论价值和现实意义，尤其是对于当代中国的启示价值。

其四，"发现问题"与"解决问题"相统一。研究西方马克思主义意识形态批判理论的起因和目的，就是带着批判的眼光去审视各位思想家如何面对和解决当时社会的各种"问题"，他们的理论为不断发展着的马克思主义理论、意识形态实践提供了怎样的思路和解决办法，针对其理论提出的一系列问题，我们又该如何在理论和实践两个层面上进行应对，面对他们试图解决的问题，现阶段我们该如何解答。总而言之，开展意识形态研究必须具备敏锐的"问题意识"。

五 研究内容、重点难点、基本观点

（一）研究内容

本书正文部分包含下列七章的内容。

第一章，意识形态起源及其本质内涵。从观念史的角度追溯了意识形态的起源，勾画了马克思主义意识形态批判的逻辑进程。诚然，意识形态是哲学的基本范畴。特拉西在西方启蒙主义思想语境中正式提出了"意识形态"概念，这种作为"观念的科学"遭到人们的反思和批判。马克思继承了黑格尔和费尔巴哈的"异化"和"教化"的思想，认为意识形态是虚假的意识。马克思、恩格斯建立在唯物史观上的意识形态理论实质上是一种批判理论，对过去的尤其是资本主义的意识形态展开了全面的批判。在此基础上，列宁等人在具体的革命和建设实践中，继承和发展了经典马克思主义的相关理论成果。

第二章，早期西方马克思主义的意识形态批判理论。卢卡奇认为，正是缺乏"总体性"的阶级意识导致中、西欧共产主义运动的失败，因此柯尔施、葛兰西明确强调夺取意识形态领导权的重要性，甚至在葛兰西看来，具有实践功能的意识形态具有物质性的力量。自此，马克思批判资本主义生产方式的做法被他们转变成了一种文化的批判范式，并且他们是站在知识精英主义的立场上展开批判。于是，具体的工人阶级也被"总体化"和抽象化了，社会主义革命逐渐脱离了工人阶级"主体"。他们的这种研究范式直接影响了其后发展起来的其他各个流派的意识形态批判理论。

第三章，法兰克福学派的文化意识形态批判理论。法兰克福学派的社会批判理论着重揭露了大众文化的意识形态功能等方面，批判的范围甚至扩大到了科学和技术本身，认为科技本身就是一种意识形态，还对意识形态形成的社会心理学机制进行了剖析。

第四章，列斐伏尔的日常生活领域意识形态批判理论。列斐伏尔（Henri Lefebvre，1901～1991）沿着法兰克福学派文化批判的思路，认为当代社会的日常生活领域已经全面异化，现代社会被消费及其意识所控制，日常生活中主体受意识形态的操控更加深重、更加神秘化，从而把传统马克思主义的宏观的社会批判理论转向了微观的主体向度的批判理论，着重开展了日常生活中的消费与异化等方面的批判。

第五章，阿尔都塞的结构主义范式意识形态批判理论。阿尔都塞基于"问题框架"设想，提出意识形态与科学中间产生了"认识论断裂"。意识形态具有自己的独立性，作为"物质性"存在的意识形态主要体现在"意识形态国家机器"中，意识形态将个人"询唤"为主体，以至于人在本质上是意识形态动物。

第六章，"后马克思主义"的意识形态批判理论。后马克思主义者在继承前人的基础上，大量而直接地讨论了意识形态问题。在他们看来，资本主义意识形态的影响和操控已经无处不在。鲍德里亚认为主体受符号的操控，着重开展了符号意识形态批判。恩斯特·拉克劳（Ernesto Laclau，1935~ ）和查特尔·墨菲（Chantal Mouffe，1943~ ）认为，话语是理解意识形态和一切社会关系的钥匙，他们着重进行了话语领域的意识形态批判。齐泽克从精神分析的角度，称现代科技与"犬儒主义"结合而成一种新的意识形态，尽管犬儒主义主体非常透彻地了解它的虚假面具，但其依然在实践上而非理论上坚守着面具，这种意识形态与主体以及社会现实之间的分裂只能靠信仰或者文化才能"缝合"。

第七章，总结与展望。力图通过分析各个时期思想家的理论，勾画出西方马克思主义意识形态批判的演进逻辑，并指出大多数西方马克思主义者都关注到了意识形态对主体的文化和价值建构问题，但同时忽略或者轻视了传统政治和经济问题，把问题的核心转换到了文化和意识形态层面，他们逐渐地偏离甚至违背了马克思主义批判资本主义生产方式的意识形态批判逻辑。因此，我国在加强社会主义意识形态建设的同时，也要切实关注民生领域，使社会主义的发展成果能够全面共享，真正构建和坚持社会主义核心价值体系。

（二）重点难点

（1）重点。通过分析西方马克思主义不同时期的意识形态理论，勾勒出其展开批判的演进逻辑，从意识形态对主体的文化和价值构建的角度，分析其批判理论的具体内容、特征、实质以及不足。

（2）难点。由于西方的历史语境与中国的实际情况并不相同，各个时期思想家关注的理论焦点也千差万别，这给准确描述或评述西方马克思主义意识形态理论及其演进问题，确实带来了难度和挑战。更何况，意识形态问题与现代性的理论和实践紧密相关，西方的现代性与后现代性理论都在西方马克思主义者的思想中得到了体现，这对我们研究其意识形态理论，以及"继承"和"借鉴"西方马克思主义意识形态批判理论，都造成了一定困扰。

（三）基本观点

西方马克思主义继承和发展了马克思的批判精神，根据资本主义社会发展出现的新情况、新问题，围绕意识的虚假问题和人类的生存状态不断展开着反思和批判。其间，经历了从总体性的实践批判到分散性的文化反抗、从宏观的生产批判到微观的心理剖析、从同一性"建构"到差异性"解构"的逻辑演进和转换过程。由早先的阶级意识批判到后来的文化批判，西方马克思主义揭示出：资本主义社会已全面异化，意识形态对主体的控制更加隐秘，由传统宏观的政治经济统治演变成了现今微观的日常生活领域的心理操控。正是在这样的实践性反思中，西方马克思主义从一开始就把马克思关心的政治和经济问题转换到文化和意识形态层面，从而违背了马克思对资本主义生产方式的批判逻辑，因此造成其意识形态批判脱离了具体的工人阶级"主体"，也脱离了革命实际，仅仅停留在对资本主义社会现象和文化的批判上，而没有对资本主义社会的本质问题展开实质性批判。

第一章　意识形态起源及其本质内涵

自法国哲学家特拉西 1796 年正式提出"意识形态"一词至今，已有 200 多年时间，意识形态一直是思想家们研究的对象，并且思想家们对意识形态本质内涵的准确把握也经历了一个曲折的发展历程。

第一节　意识形态的起源

一　意识形态是哲学的基本范畴

一般而言，意识形态是哲学的基本范畴，哲学研究通常会涉及人们对主体、客体及其关系的理解。[①] 首先，从客体方面来说，客体是相对于主体而言的，主体在实践中会以语言的形式对具体的客体加以描述和命名，而主体用以交流的语言除了应符合一定的语法规则外，在内容上总会带有一定的话语和意识倾向性，即意识形态性，所以，用语言进行描述和命名的客体定会与意识形态具有千丝万缕的联系。其次，从主体方面来说，一个人在成长的过程中，一定要学习语言和接受社会文化的教化，否则他就不能顺利成为真正的社会主体。而语言的习得，实际上就是接受意识形态的过程，而且一般是在对社会上占统治地位的意识形态产生认同后，他才能更容易融入社会，在社会上更得心应手。通常情况下，当我们用语言交流时，往往自以为完整准确表达了自己的观点，这其实是一种错觉。马克思也强调指出："通过传统和教育承受了这些情感和观点的个人，会以为这些情感和观点就是他的行为的真实动机和出发点。"[②] 可见，意识形态对主体

[①]　俞吾金：《意识形态论》，人民出版社，2009，第 1 页。
[②]　《马克思恩格斯选集》（第 1 卷），人民出版社，1995，第 611 页。

的影响相当深刻。

总之，无论是从客体还是从主体来看，问题都会追溯到意识形态上面去，由此观之，意识形态确实是哲学的基本范畴。但是，在哲学的发展史上，意识形态的概念是被特拉西正式提出来的，并且直到马克思那里，意识形态的本质内涵才得到科学的解释。

为了更好揭示意识形态的本质内涵，我们有必要先来看一下"意识形态"这一概念是被如何提出并确立起来的。

二　特拉西在启蒙主义语境中正式提出意识形态概念

虽然自从有了人类文明就有了意识形态现象，并且人们用诸如"假相说""洞穴隐喻"等其他词语来表述这一现象，但直到 18 世纪末期，意识形态概念才在西方启蒙主义语境中由法国哲学家、政治家特拉西正式提出来。

在法国大革命时期，贵族特拉西被投进监狱，其间，他通过研究孔迪亚克和洛克的哲学思想，渐渐坚信要重建社会秩序不能单靠暴力而必须发挥理性的力量，他决定创建一门相关的学科。于是，特拉西创建了一个法语哲学词语"idéologie"①，这一概念按字面意思可以解释为一种新的"观念的科学"，其任务是揭示观念和思想的由来。他希望这门学科像动物学、生物学等其他学科一样，能够享有科学学科的地位。1796 年 8 月，特拉西的"ideology"（意识形态）一词在英文杂志《每月评论》上首次出现，并且由此传播开来。

特拉西用"意识形态"指称一种作为一切科学基础的观念学说，这种观念的科学作为一切科学的基础，旨在使人们摆脱意识偏见，重建整个知识体系，主张通过设计一套国民教育方案，把法国改造成一个理性的社会。特拉西的这一想法最初得到了拿破仑的赏识，在拿破仑执政时期，特拉西曾一度做过法国参议院的议员。因此可以说，特拉西的"意识形态"学说为法兰西共和国的建立奠定了理论基础。但拿破仑称帝以后，特拉西的思想却被视为帝国的敌人，拿破仑甚至把军队在欧洲战争中的失败也归咎于"意识形态"，他认为要重建一个国家必须要废除"意识形态"的形而上学

---

① 后来马克思首创了"意识形态"的德语词语"ideologie"。

和不切实际的错误思想。

难以预料的是，历史跟特拉西开了一个天大的玩笑，特拉西的宏伟抱负和美好初衷终究面临现实的尴尬和非难。"意识形态"一词由"观念的科学"变成了"虚幻的形而上学"，被赋予了贬义而成了人们批判的对象。

三 黑格尔、费尔巴哈揭示意识形态和异化的内在关系

在法国启蒙语境中诞生的意识形态概念虽然在被提出不久后就遭到拿破仑专断的污蔑，但随着拿破仑在世界各地不断攻城略地，意识形态概念也被传到了其他国家。在这一过程中，法国原创的意识形态概念迅速传入德国，并被德国哲学家进一步阐发。

黑格尔在著名的《哲学史讲演录》中，借用"idéologie"这个法语名词论述了法国意识形态理论与英国哲学家洛克的常识哲学之间的某种思想联系。同时，在《精神现象学》（1807）中，黑格尔用德语词"意识的诸形态"（Gestalten des Bewusstseins）来表达"意识"或者"精神"的发展过程及其表现形式，即由最初的原本的精神（伦理），到自身异化了的精神（教化），再到自我确定的精神（道德）。尤其是他揭示了各种意识形式与"异化"（Bildung）和"教化"（Entfremdung）之间的内在关系，揭露了世界被异化的严重性、主体被教化的虚伪性。黑格尔的研究，促进了意识形态概念的转折和发展。

费尔巴哈继承黑格尔的异化批判思想，把批判对象指向了宗教，指出宗教是人的本质"外化"并独立化为一种异己的东西来支配人、统治人。费尔巴哈认为："宗教，就是跟人的本质同一的世界观和人生观。但是，并不是人超越于自己的本质观，而是自己的本质观超越于它；它激励他，规定他，支配他。"① 而费尔巴哈主张克服宗教异化的武器是他试图建立的人本主义哲学（以抽象的人和自然为基础），虽然这种哲学也注意到了人的社会活动，但它把人的自然属性当作人的根本属性，并没有从社会存在的角度理解人的本质，这在一定程度上削减了他批判宗教异化的力度。总之，费尔巴哈的人本主义哲学存在着局限性。

黑格尔和费尔巴哈的这些批判为理解意识形态的基本内涵奠定了基础，

---

① 〔德〕费尔巴哈：《基督教的本质》，荣震华译，商务印书馆，1984，第51页。

但囿于他们的历史观，他们均无法更加深入地揭示出异化产生的真正原因，他们对意识形态问题的研究也就止步不前了。

通过上述考察我们发现，意识形态是在西方近代哲学发展尤其是启蒙主义语境中形成的一个重要的哲学概念。由于自然科学的不断发展，过去禁锢人们思想的神学和哲学观念必然引起人们的反对，特拉西的意识形态作为一种"观念的科学"刚好顺应了这种历史趋势。然而，特拉西的意识形态学说是建立在启蒙时期感觉主义的立场上，虽然在当时法国启蒙主义语境中具有一定的进步意义，但这种在感觉主义基础上筑起的"观念的科学"王国，就真的是牢固的吗？其局限性可想而知。德国哲学家黑格尔和费尔巴哈进一步揭示了意识形态与异化的内在关系，虽然赋予意识形态概念以批判的张力，但由于历史观的局限，他们不能更深刻揭示异化的社会根源。意识形态问题研究，期待着一种新的划时代的哲学观的建立，而这一历史使命随后落到了马克思、恩格斯的肩上。

第二节　马克思、恩格斯和列宁的意识形态批判理论

一　马克思、恩格斯的意识形态批判理论

过去，人们习惯于把意识形态理解为简单的主观认知失误，认为只要矫正这种错误就可以祛除意识形态。在西方哲学史上，有哲学家想用映射在洞穴墙壁上的影子来启发人们对认识的看法，还有人借用假象来指称人们认识的虚幻性，[①] 他们都主张在认识论的意义上批判意识形态。

马克思继承了黑格尔和费尔巴哈的"异化"和"教化"的重要思想，承接了传统认识论对真理的思考。马克思也从认识论的角度指认意识形态为"虚假"的反映，但他所说的"虚假"不是过去认识论意义上的，而是将意识与人的生活实践紧密相连，对传统的认识论进行了革命性的改造、创造性的转换。而且，马克思在自己新创立的历史唯物主义基础上，将意识形态作为观念上的总体性对象加以反思和批判，他同样是从否定的意义上来理解和规定意识形态概念的内涵的。但马克思已经不局限于用"意识"

---

① 即柏拉图的"洞穴喻"、培根的"四假相说"。

"本性"等抽象词项来指称意识形态的真假性，而是通过探究社会意识产生的社会根源来分析其发展趋势，进而发现了一个研究该问题的新视角，并赋予其新的内涵。自此，意识形态的本质内涵和意义得以凸显，更是成为现如今依旧被人们广泛研究的课题。

哈贝马斯曾主张，意识形态批判同其内容研究是对等的。[①] 这正暗合了马克思、恩格斯学说的特点。众所周知，马克思、恩格斯的唯物史观是构建在社会实践的基础之上的。他们不但揭示了意识形态赖以存在的社会物质条件，而且进一步揭示了它为取得在社会中的合法性而采取策略和手段的隐蔽性，因此，马克思、恩格斯的意识形态研究，其意在于展开社会批判，并且这种批判方式表现为一种前提性的澄清和先行性的揭秘。[②] 马克思强调："哲学家们只是用不同的方式解释世界，问题在于改变世界。"[③] 这表明马克思作为革命哲学家的伟大之处，他不仅要批判过去的意识形态的虚伪性，揭示资产阶级意识形态赖以存在的社会物质基础，创作《资本论》那样的经济学和哲学批判性专著，而且要在批判它的同时，构建无产阶级的"科学"理论，其最终目的是要用这种新的意识形态观念去指导无产阶级革命、改造社会。

由此可见，马克思、恩格斯的意识形态理论既包括"批判"，也包括"构建"，批判和构建是同一过程的两个方面。

众所周知，马克思的批判始于对黑格尔法哲学的批判。经过哲学研究，马克思揭示了黑格尔哲学的唯心主义和神秘主义本质，批驳了黑格尔对国家和理念（精神）、国家和市民社会之间关系的本末倒置。马克思指出："国家是从作为家庭的成员和市民社会的成员而存在的这种群体中产生的。"[④] 显然，市民社会才是国家和意识产生的基础，摆在首要位置的应该是家庭和市民社会，而不是国家。在马克思看来，虽然黑格尔哲学特别看重矛盾的辩证发展，但黑格尔将矛盾运动的主体归结为绝对精神，如此就窒息和削弱了其辩证法（黑格尔哲学的合理内核）的力量和革命性。

---

① 〔德〕尤尔根·哈贝马斯：《作为"意识形态"的技术与科学》，李黎、郭官义译，学林出版社，1999，第56页。
② 俞吾金：《意识形态论》，人民出版社，2009，第161页。
③ 《马克思恩格斯选集》（第1卷），人民出版社，1995，第57页。
④ 《马克思恩格斯全集》（第3卷），人民出版社，2002，第12页。

马克思、恩格斯正是在批判黑格尔思想的过程中发现国家、政治、法与社会制度不是来自人的大脑中的思维活动，因而只能在社会现实的物质生活实践中找到其根源，这促使马克思、恩格斯继续深入开展政治经济学研究。马克思在巴黎手稿时期就开始了对资产阶级经济学的批判，他在巴黎手稿中摘录和评价了许多经济学家的著作和思想，开始对资产阶级经济学家有关交换和劳动生产、私有财产和福利、劳动力和价格、货币和信用体系的理论展开思考和研究。同样，恩格斯在《政治经济学批判大纲》中揭露了资本主义社会的反人道的特征。马克思在《1844 年经济学哲学手稿》等著作中更是揭示了当时的社会中存在着人的四种异化形式，揭示了资本主义经济关系体系违反了人类本性。马克思指出："共产主义是私有财产即人的自我异化的积极的扬弃，因而是通过人并且为了人而对人的本质的真正占有；因此，它是人向自身、向社会的即合乎人性的人的复归。"① 即是说，只有到了共产主义社会，才能真正扬弃劳动异化，在促进社会进步中人的本性才能真正展现，人才能真正得到自由而全面的发展。

马克思、恩格斯还在《神圣家族》中批驳了德国和法国等的资产阶级哲学家及其观点，重点驳斥了鲍威尔等人以自我意识为基础的主观唯心主义思想，揭示了唯心主义把意识与现实对立起来的认识论根源。后来在《德意志意识形态》中，马克思、恩格斯形成了完整科学的理论，指出意识形态作为虚假的意识代表着统治阶级的利益，而且统治阶级总是惯常性地把自己的意识形态说成所有人的利益和意志的表达，资产阶级意识形态从而拥有了唯一的合法性。

随着马克思、恩格斯对资本主义政治和经济的深入探究，他们的历史唯物主义理论逐渐确立了起来。奥妙就在于，他们不仅要揭示意识的虚假性，而且要揭示资产阶级意识形态赖以产生的阶级根源和社会根源。在马克思、恩格斯看来，"物质生活的生产方式制约着整个社会生活、政治生活和精神生活的过程"，② 物质生产力基础决定人们的生产关系和社会经济结构，进而最终决定着人们的思想和价值观。显而易见，伴随着对意识形态问题的积极思考，马克思、恩格斯的辩证唯物主义和历史唯物主义也破壳而出了。

---

① 《马克思恩格斯全集》（第 3 卷），人民出版社，2002，第 297 页。
② 《马克思恩格斯选集》（第 2 卷），人民出版社，1995，第 32 页。

马克思在随后的政治经济学研究中，进一步探究了人们遭受奴役和压迫的根源所在。他分析指出，在资本主义社会，人们不仅会遭到经济上的奴役，更会在思想上受到意识形态（资本主义拜物教观念）的操控。正是基于此，马克思认为，对"副本"的批判（对资本主义意识形态的批判）必须立足于对"正本"的批判（对资本主义生产方式的实践批判）。马克思由此得出结论，"批判的武器当然不能代替武器的批判，物质力量只能用物质力量来摧毁"，① 理论批判终归不能替代革命实践。恩格斯后来进一步阐释并完善了马克思的意识形态理论，强调意识形态具有相对独立性，对经济基础具有能动的反作用。总之，马克思、恩格斯意识形态批判理论，建立在他们创立的唯物史观之上，是一套内容丰富、科学完整的理论体系。

综上所述，马克思、恩格斯在实践唯物主义的基础上对资本主义意识形态开展了哲学、经济学、政治社会学和文化学上的全面的批判。② 他们将意识形态和人们的生存条件以及特定社会中的特定阶级的利益关联起来，使得他们的意识形态和意识形态批判具有更广阔的社会历史背景，实现了对意识形态问题研究的根本性转变，对当时及后来的革命家和思想家的影响非常深远。

二 列宁的意识形态批判理论

在马克思、恩格斯之后，第二国际的伯恩斯坦、库诺夫和考茨基等人对马克思的意识形态学说进行了片面地质疑和"修正"，而拉法格、梅林、拉布里奥拉和普列汉诺夫等人则是马克思学说的积极传播者。马克思的学说在经过一段时间的传播和演化后，影响到了国际共产主义运动当中的列宁和毛泽东等人的思想，他们的思想促进了马克思主义意识形态理论的革新和繁荣。

在领导俄国十月革命以及探索苏俄社会主义建设的过程中，列宁秉承了马克思、恩格斯意识形态批判理论的革命性精神，同时他根据当时革命实践、政治斗争和社会建设的需要，对意识形态的含义作了新的说明，强调意识形态不但具有科学性还拥有"党性"，是二者的集合体。

① 《马克思恩格斯选集》（第 1 卷），人民出版社，1995，第 9 页。
② 张秀琴：《马克思意识形态理论的当代阐释》，中国社会科学出版社，2005，第 73~98 页。

众所周知，马克思、恩格斯在创建了自己的意识形态理论之后，为了将之与他们所批判的其他意识形态相区别，并未把自己新创立的理论称为意识形态，因为如果那样的话，就会削弱历史唯物史观的"革命"本质并造成理论上的混乱。而列宁所处的时代已经与马克思、恩格斯所处的时代不同，此时的资本主义进入垄断阶段（即列宁所说的帝国主义阶段），马克思主义已经成为国际工人运动中最有影响力的一种学说。但伯恩斯坦等人企图用资产阶级理论家的思想来"修正"马克思主义理论，把无产阶级革命斗争引向歧途。基于此，列宁不再简单地谈论意识形态的"虚假"问题，开始把意识形态看作较为中性的概念。他认为，马克思主义不仅正确地揭示了资本主义产生、发展和必然灭亡的规律以及人类社会发展规律，体现着科学性，还作为无产阶级革命的指导思想，具有阶级性。因此，马克思主义是科学性和阶级性的辩证统一体。为了避免思想混乱，加强对俄国革命和苏俄社会主义建设的领导，列宁更是主张对无产阶级应该加强马克思主义理论的宣传和教育（或者叫意识形态灌输）。列宁这种灌输论对西方马克思主义开展意识形态功能的研究产生了重要影响。

本章小结

意识形态是哲学的基本范畴。自人类社会诞生以来，意识形态问题就存在，这必然引起哲学家、思想家、理论家们对这一问题的思考和探索。1796年，法国哲学家特拉西在启蒙主义语境下正式提出了意识形态这一概念，试图创建一门"观念的科学"。此概念几经挫折，后经德国哲学家黑格尔、费尔巴哈等人的阐发，用以揭示意识形态与异化的内在关联，具有了基本内涵。由于他们历史观的限制，他们并未能阐释清楚意识形态的社会根源所在。

马克思、恩格斯基于自己新创立的实践唯物主义，真正揭示了意识形态的本质内涵。他们从对资本主义生产方式的批判入手，指出了"一般意识形态"和资产阶级意识形态的"虚假性"、阶级性特征，既强调经济基础对上层建筑的决定作用，同时也强调意识形态能动的反作用和相对独立性，从而实现了意识形态问题研究的范式转换和革命性变革，指导世界无产阶级革命运动迅速发展。马克思、恩格斯的意识形态批判理论，对后来的意识形态理论家们的影响非常深远。

列宁继承并发展了马克思、恩格斯的意识形态批判理论，创造性地指出意识形态是阶级性和科学性的内在统一。在领导俄国十月革命和苏俄社会主义建设的过程中，列宁始终注重对无产阶级和革命群众的教育（即意识形态灌输），从而丰富完善了马克思主义的意识形态批判理论。列宁对意识形态问题的高度重视和对意识形态的阶级定位，影响了世界上众多的思想家，当然也对西方马克思主义意识形态批判理论产生了重要的影响。

第二章 早期西方马克思主义的
意识形态批判理论

19世纪末20世纪初，资本主义进入垄断阶段，其固有矛盾日渐尖锐，世界历史进入帝国主义和革命时代。第一次世界大战爆发后，欧洲国家的社会矛盾剧增，这些国家的人们尤其是无产者迫切希望获得自由和解放。1917年俄国十月革命取得了胜利，在俄国十月革命的影响和鼓舞下，欧洲一些国家于1918年到1923年接连爆发了无产阶级革命运动，但这些起义或革命在资产阶级的残酷镇压下都先后以失败而告终。东方革命成功与西方革命失败的现实反差，引起了早期西方马克思主义者对社会主义革命策略的认真反思。

马克思、恩格斯曾经断言，社会主义革命将首先在经济最发达、阶级斗争最激烈的资本主义国家同时取得胜利，而现实却并非如此。为什么无产阶级革命在经济落后的俄国取得成功，而在经济发达的西方资本主义国家却相继失败了呢？西方社会主义革命该何去何从？这些问题亟待马克思主义者去进行理论研究。当时，最普遍的观点是第二国际所谓正统马克思主义者的经济决定论思想，在他们看来，经济发展的不成熟是革命失败的主要原因，经济因素成了革命成功与否的关键因素，亦即革命要想成功，就只有坐等经济条件更加成熟。然而，与上述具有极强宿命论色彩的经济决定论观点不同的是，以卢卡奇、柯尔施、葛兰西为代表的西方马克思主义者却认为，革命失败的根本原因不在于客观条件不具备，而在于无产阶级主观条件的不成熟——无产阶级尚不具备应有的阶级意识和文化氛围。由此，在寻找欧洲革命失败的原因的基础上，结合资本主义社会的实际情况，早期的西方马克思主义者开始了基于阶级主体性建构的意识形态批判。

第一节　卢卡奇物化意识形态批判

格奥尔·卢卡奇（György Lukács，1885～1971）认为，欧洲革命失败，除了工人阶级主观意识上的幼稚外，还有一个更重要的原因，那就是马克思主义学说被一些人歪曲成为一种经济决定论或历史进化论，一门脱离主体的研究社会规律的学说。卢卡奇主张从主体性问题入手，对资本主义社会进行物化意识形态批判，着手对马克思主义的意识形态理论进行"改造"和"重建"。

一　物化及物化意识：无产阶级主体性的丧失

19 世纪末 20 世纪初，资本主义进入帝国主义阶段，同时科学技术完成第二次革命，并且被运用到社会的各个领域，人们的生产生活方式随之发生改变，社会组织和生产组织呈现高度合理化和理性化的时代特征。卢卡奇在认真研读马克思《资本论》中关于商品拜物教思想的基础上，融合韦伯的合理化与科层制分析理论以及西美尔等人的文化哲学，对资本主义社会展开了物化意识形态批判。

基于《资本论》的研读，卢卡奇首先思考的问题是：商品交换在何种情况下才会对社会结构产生影响。商品及商品交换形式对人们生活的影响是短暂性的还是长期性的，这两种情形之间有着怎样本质的不同。① 在卢卡奇看来，尽管物品交换行为自古就有，但只有到了资本主义社会，商品才具有了拜物教的性质。很显然，商品交换一开始并不对社会内部结构产生决定性力量，而是到了特定的社会，商品才拥有控制人们思想的特性，且呈现为一个内部关系复杂的物化和物化意识结构。于是卢卡奇依据自己对《资本论》的理解，对马克思的学说展开了自己的解读。

卢卡奇认为，客观上，资本主义的劳动分工越来越精细化，劳动过程机械化和可计量化，社会生活被分解为一块块碎片；主观上，机械化过程使得工人的劳动也变得精密化和机械化，工人愈发变得麻木不仁。劳动者彻底丧失了主动性和创造性而沦为资本主义商品生产的一个要素。所以，

---

① 〔匈〕卢卡奇：《历史与阶级意识》，杜章智、任立、燕宏远译，商务印书馆，1999，第 147 页。

卢卡奇指出，资本主义社会中最普遍最必然的现象是"物化"（reification），也即人们通过劳动创造的物品变成了人们自身和人类劳动的对立面，这影响着人们的思想。①并且这种劳动过程的合理化和物化进程溢出了生产过程，渗透到国家、法律等各领域。同时，资本主义的物化现象在深度上更推及劳动者的心灵和灵魂层面而成为一种"物化意识"（reified thought）。物化意识是人们对外在的物化现象的认同，是对外在的规律和命运的消极服从，造成工人阶级的主体批判能力和超越能力不断丧失。

总之，卢卡奇认为，随着物化的加剧，工人阶级甚至资本社会所有人都被物化意识所统治，结果是人们无批判地认同资本主义社会。卢卡奇对物化和物化意识的揭示无疑是深刻的，他从生产力结构入手的剖析方法、强调人们主观意识重要性的做法，预示着一种新的物化批判逻辑正式开端和发展。

二　辩证的总体观：主体性的"重建"

在分析物化现象以及产生物化及其意识的历史和现实根源之后，卢卡奇进一步思考的问题是：在资本主义社会，工人阶级如何才能冲破物化意识的束缚，恢复无产阶级的主体意识和创造历史的热情呢？资产阶级哲学能解决这个问题吗？卢卡奇给的答案是：不能。因为在卢卡奇看来，以康德为代表的资产阶级哲学深陷矛盾之中难以自拔，在一定意义上，正体现着当时社会的物化意识，因此在思维方式上必须有一个根本性的转变。这样，卢卡奇将视角转到马克思，更确切地说是追溯到作为马克思思想重要来源的黑格尔那里。卢卡奇认为，马克思的辩证法是建立在黑格尔辩证法的基础之上，它们都蕴含着一种总体性原则。在卢卡奇看来，"总体性"（totality）是马克思思想的核心所在，只不过这种历史的、辩证的总体性观点被第二国际的理论家僵化成了一种机械的经济决定论，而丧失了研究社会历史运动和把握资本主义矛盾运动的总体性视野，所以，当务之急就是要把马克思的总体性辩证法思想从资产阶级思想迷障中解救出来，在新的历史情境中恢复无产阶级的阶级意识和主体性。

何为"总体性"？总体性是认识世界发展的基本准则和基本方法。卢卡

---

① 〔匈〕卢卡奇：《历史与阶级意识》，杜章智、任立、燕宏远译，商务印书馆，1999，第150页。

奇在书中论述道，唯有总体看待社会历史中的孤立的、个别的事件，才能达到对它的整体和正确的认识，马克思历史辩证法集中体现了总体性的方法。① 在卢卡奇看来，坚持总体的观点，这是马克思主义同其他科学理论的根本性的差异。

从上述关于总体性的论述中可以看出，总体不是抽象的，而是具体的，它并不排除部分的多样性，但是总体一定是优于部分的。处在资产阶级"物化意识"笼罩下的人们，往往"只见树木不见森林"，比如经济宿命论（经济决定论）只看到经济方面的重要性而忽视了其他方面，从而违背了马克思的总体性原则，这种对经济方面的片面强调，必然会钝化无产阶级的阶级总体观，消解他们的革命性和主体性。所以，工人阶级唯有运用总体性方法，才能认识到物化结构和物化意识，才能恢复自身的主体性；只有推翻物化现实，饱受物化结构和物化意识奴役之苦的工人阶级才能获得自身解放。

卢卡奇认为，黑格尔的思想是马克思的"辩证的总体观"的直接源泉，但总体范畴在黑格尔那里实际上是绝对精神的别称，历史成了绝对精神的作用过程。与马克思不同，黑格尔没有找到历史发展的现实根源。卢卡奇分析指出，总体辩证法的现实承担者不是黑格尔所说的"绝对精神"，而是作为客体和主体同时出现的无产阶级。也就是说，作为客体，无产阶级是资本主义社会制度产生的结果；作为主体，只有一个阶级能够认识社会并改变现实，这个阶级就是无产阶级。所以说，无产阶级既是历史的产物（客体），也是历史的创造者（主体），只有无产阶级才能成为历史实践活动的同一的主体和客体。

卢卡奇认为，资本主义的物化现象随处可见，渗透入微，而处于物化意识重压下的无产者因缺乏自觉的"阶级意识"而不可能看到社会现实的总体性，唯有无产者有了自己自觉的政治立场，才会起来革命。② 从此无产阶级作为"同一的主—客体"肩负起了认识和改造社会的重任。无产阶级只有通过实践活动，通过与资产阶级物化意识形态的斗争，才能瓦解商品

---

① 〔匈〕卢卡奇：《历史与阶级意识》，杜章智、任立、燕宏远译，商务印书馆，1999，第57~58页。
② 〔匈〕卢卡奇：《历史与阶级意识》，杜章智、任立、燕宏远译，商务印书馆，1999，第283页。

拜物教，获得自主意识，"重回"人的主体性地位。可见，无产阶级的阶级意识对革命事业来说非常重要。只有运用辩证的总体观（卢卡奇所理解的马克思历史唯物主义）才能突破物化意识，穿透资产阶级意识形态的遮蔽，形成无产阶级的阶级意识，西欧的无产阶级革命活动才能走向成功。

三　理论评析：基于马克思主义视角的分析

卢卡奇从主体性的视角展开对资本主义物化意识形态的批判，他反对经济宿命论思想，认为对马克思主义的理解不应该只关注经济因素而忽略了意识对现实的反作用。卢卡奇通过强调马克思主义"正统"在于方法（辩证法），开创了一条不同于传统马克思主义和现实社会主义的西方马克思主义道路，这对于进一步推进世界无产阶级运动和马克思主义的发展具有深远的理论和实践意义。

卢卡奇的物化意识形态批判和主体性思想也有其理论困境和不足之处。

首先，卢卡奇过分强调人的主观能动性，而忽视了马克思主义实践的科学性。马克思强调，社会的发展和历史的变革是由物质生产力水平最终决定的。按照马克思主义理论的分析，无产阶级的"主体性"是被无产阶级的经济地位以及社会生产力和生产关系的矛盾运动的结果所决定的，社会历史的发展在于"主观见之于客观"的实践活动，在于人的主观能动性和历史发展规律之必然性的统一。而问题的关键是，卢卡奇没有真正理解马克思的实践的含义，片面强调人的主观因素，而忽视了历史发展的物质和实践基础。（卢卡奇后来也做了自我反思，他承认自己当时理解的实践概念是抽象的和唯心主义的，对革命实践造成了影响。[①]）卢卡奇将主体性置于革命过程的中心位置，片面倚重主体性分析和夸大历史主体的作用而否定社会历史条件的决定性，他的这种强调一方而忽视另一方的做法，在一定程度上也是对马克思主义的背离。

其次，卢卡奇以抽象的人作为历史的主体，认为历史的发展在于主体与客体的统一，这偏离了马克思对资本主义生产方式的批判视野。卢卡奇在分析"主体性"思想时，把抽象的人当作历史的主体，认为主—客体的互动就能推动了历史发展，无产阶级作为社会总体的代表，在主—客体的

---

① 〔匈〕卢卡奇：《历史与阶级意识》，杜章智、任立、燕宏远译，商务印书馆，1999，第13页。

同一中产生自我意识和自我觉醒，从而克服"物化意识"，走向"主体性"。由于卢卡奇没能阅读马克思关于意识形态的相关论述，只是在研读《资本论》的基础上，结合马克思的拜物教批判，强调资本主义机械化的生产方式对人的心理结构产生影响而形成物化意识。卢卡奇的这种历史与主体性的分析，明显带有马克斯·韦伯和黑格尔的思想痕迹，这种"黑格尔式的马克思主义的"倾向，遭到了列宁的批评。同时，卢卡奇把马克思的生产方式批判范式转换成了一种对社会的物化意识批判和心理结构分析的做法，也对后来的西方马克思主义者尤其是法兰克福学派理论家的思想产生了深远的影响。

再次，卢卡奇对社会历史的总体性分析也因过分倚重主体性而将总体性与经济基础对立起来。卢卡奇认为总体性分析是马克思独创的展开社会批判的基本方法，因此他将总体性限定在社会历史领域，并且从主体出发对社会历史加以规定，认为社会总体正是主体与客体、主观与客观、思想与实践的统一。这样，卢卡奇在强调主体的主观能动性和社会历史的主观精神的同时，否定了自然和社会历史的客观规律性，从而把总体性与经济基础的决定作用对立了起来。这从卢卡奇坚决反对恩格斯的"客观辩证法"这一做法中可以得到印证。

最后，卢卡奇的物化批判偏离了马克思的意识形态批判理论，他的物化批判理论本身带有难解的理论难题。前面已谈到，马克思认为生产力是推动社会进步和发展的关键因素，不是生产力本身而是资本主义生产方式造成了不公平的现实。因此，马克思的三大拜物教①批判都是针对资本主义生产关系的物化现象的，而卢卡奇却将批判的矛头指向了生产力本身，认为生产力本身已经物化。卢卡奇的物化意识批判只能是一种理论设想，根本无法真正实现。我们试想一下，如果按照卢卡奇的物化意识形态分析，当全部社会及其意识结构都被物化时，无产阶级意识如何能产生呢？在资本主义社会，变革现实的基础又在哪里？这些问题都很难找到解决的方法，因为卢卡奇在进行资本主义社会物化意识批判时，已将矛头不自觉地指向了生产力本身，紧随其后的法兰克福学派也延续着这一思路对科学与技术

---

① 即马克思在《资本论》等著作中着重阐释的商品拜物教、货币拜物教和资本拜物教。卢卡奇着重分析的是马克思的商品拜物教。

展开了批判，之后的威廉·莱易斯、本·阿格尔等人从生态学视角对生产技术本身的批判，也受到了卢卡奇物化意识批判的影响，也存在同样的理论失误，偏离了马克思的原有逻辑。

第二节　柯尔施关于意识形态现实性的论述

德国哲学家卡尔·柯尔施（Karl Korsch，1886~1961）是卢卡奇的同时代人。他与卢卡奇一样，深受西方意识哲学特别是黑格尔哲学的影响。为了反对第二国际经济决定论思想，柯尔施主张恢复马克思主义的哲学维度，企图通过对传统实证主义哲学进行批判来重建马克思的辩证法，进而澄清意识形态和现实间的关联性。柯尔施的这种做法虽然凸显了历史的主体向度，但同时也不可避免地导致马克思辩证法客体向度的遗失，而违背了马克思的原意。

一　马克思主义的危机与哲学维度的恢复

柯尔施在其《马克思主义和哲学》（1923）中指出，马克思主义的危机是由第二国际的错误思想导致的，其违背了马克思的总体性原则，因此，柯尔施主张恢复马克思理论中被遗忘的哲学维度。

在柯尔施看来，当时的思想家对哲学性的忽视是马克思主义出现危机的主要原因。他认为，如果我们从哲学和现实之间的辩证关系入手去考察就会发现，马克思和恩格斯创立的学说正是因为继承了德国古典哲学的思想而变成无产阶级革命的指导思想。[①] 所以，我们应看到，马克思创立的哲学与传统的德国唯心主义哲学必然在客观上和精神上（即在意识形态上）相互联系、彼此影响。马克思、恩格斯虽说要"终结"哲学，但他们要批驳的是当时的资产阶级的唯心思想，并且提出不仅要反对这种哲学，而且要在实践和行动上反对整个现存世界。我们不能依此就简单地认为马克思主义不再是哲学，相反，马克思主义是真正的哲学。[②] 柯尔施主张通过恢复

[①]　〔德〕卡尔·柯尔施：《马克思主义和哲学》，王南湜、荣新海译，重庆出版社，1989，第13页。

[②]　〔德〕卡尔·柯尔施：《马克思主义和哲学》，王南湜、荣新海译，重庆出版社，1989，第37页。

马克思主义的哲学维度，来实现马克思主义的"哲学"转型。

二 总体性原则基础上的意识形态与现实

柯尔施认为，马克思主义"是一种革命的哲学"，[①] 它的主要目的是消灭资产阶级哲学，改变现存世界。一些理论家忽视了马克思主义学说的革命性，把马克思主义当作实证的学说来看待，这样势必会造成对现实和意识的唯心式的"藐视"。意识和它的对象被以抽象的形而上学二元论的方式绝对地对立起来，意识形态被归结为仍然纠缠于少数人头脑的迷信和"空洞的幻想"而失去了它的现实性根基。柯尔施认为，社会是由经济、政治和意识形态组成的有机整体，作为一个有机的整体，"法和国家""纯粹的意识形态"并不能简单地还原为"经济"。庸俗马克思主义的错误在于只承认"经济"的现实性，认为"法和国家""纯粹的意识形态"可以还原为"经济"，只要经济条件成熟革命就会自行发生，这样就忽视了理论斗争和意识形态批判在无产阶级革命中的重要意义。这种对意识形态的"先验的蔑视"在理论上是不可取的，在实践上会导致产生机会主义的危险。

柯尔施用总体性理论来观察和理解社会历史，他把现实、意识和思想联合成一个不可分割的整体，认为理论批判与实践革命是联系在一起的。在理论上批判所有的意识形态形式（包含政治的、法律的、艺术的、宗教的和哲学的表象）的同时，也应该在实践中将它消灭。这就是说，不仅要在理论上消除社会的精神上层建筑，而且必须推翻它的实践基础。倘若不改变现存世界的经济状况和建立其上的精神世界，批判的目的就远没有达到，意识形态批判的斗争就仍将继续而不会结束。

可见，柯尔施把全部社会历史运动看作一个统一的整体过程，认为其是由作为人的思维观念的意识形态形式和人的实践活动所共同组成的。社会是一个有机总体，其中的每一个因素都会与其他因素互动并互相影响。正因如此，戈尔曼曾肯定地评价过柯尔施的总体分析法，指出柯尔施看到了整体中的每一个因素的作用。[②]

---

① 〔德〕卡尔·柯尔施：《马克思主义和哲学》，王南湜、荣新海译，重庆出版社，1989，第38页。

② 〔美〕罗伯特·戈尔曼编《"新马克思主义"传记辞典》，赵培杰等译，重庆出版社，1990，第237页。

从理论和实践相统一的总体性原则出发，柯尔施对经济决定论展开了批判。他指出，这样的思想割裂了马克思学说，而只单独地强调经济因素。柯尔施认为，经济因素和其他各种因素相互影响并统一于社会总体中。马克思、恩格斯重点探讨经济基础这一事实并不表明他们只强调经济这一个因素，他们也关注竖立其上的思想上层建筑等各个方面，更不能说他们也是所谓的经济决定论者。正相反的是，马克思主义是辩证法基础上的理论与实践的统一总体。因此，意识革命在这一总体性革命中具有重要的意义，我们应重视上层建筑和意识形态在社会历史发展中的作用。

总之，柯尔施认为第二国际的经济决定论思想忽视了意识形态与现实的关系，他主张用马克思主义的总体性原则和革命性精神，来重建理论和实践的统一。

三　主体性的凸显与客体向度的迷失

柯尔施指出，庸俗马克思主义形而上学的机械决定论简化了经济基础与上层建筑的关系，只单纯地强调经济因素而忽视和否定了历史发展过程中人的主体性力量，因而它是错误的，也无法指导革命实践。与第二国际正统马克思主义者不同，柯尔施强调了思想意识革命在总体性革命中的重要性。因为在他看来，意识形态尽管是虚假的，但在统治中具有极其重要的作用，所以，必须在意识形态方面开展不懈的斗争以提高无产阶级革命的自觉性和能动性。

柯尔施企图用辩证法来重建理论与实践的统一，他提出了与卢卡奇的总体性辩证法相类似的总体的社会革命理论。他和卢卡奇一样注意到马克思主义发展过程中忽视辩证法的危险，打算以恢复辩证法为主要途径来突出历史主体的革命能动性。这也是早期西方马克思主义者最大的理论功绩，但这样的做法必然导致主体性向度的凸显和客体向度的迷失，同样违背了马克思的原意。

首先，柯尔施的"总体性"理论还是以黑格尔的理念作为逻辑基底的，他犯了与卢卡奇同样的错误。在哲学上，黑格尔认为人类历史发展是绝对观念的外化而促使历史自身同一的"主体—客体"过程。后来，卢卡奇用无产阶级置换黑格尔的绝对理念，来说明无产阶级由自在阶级向自为阶级转变的必要性和可能性。同样，柯尔施在论述总体性理论时，也把目光投向了黑格尔，他自以为把握了马克思辩证法的真谛，其实在他理解的辩证法中留有很多黑格尔唯心主义哲学的成分。柯尔施没有真正弄明白马克思强调的思维和存在的统一、理论与实践的统一，只有放在现实的人的社会历史实践活动中才能生发、成立和展开，因为"社会生活在本质上是实践的"，① 马克思主义是指向实践的。

其次，柯尔施虽然用总体性原则批判了机械决定论思想，但他也因此过分强调人的意识在革命中的能动作用。在柯尔施看来，第二国际的思想家们割裂了作为总体的马克思主义理论，他们声称马克思的兴趣仅在纯粹的理论创作，其理论俨然成了类似于资产阶级学说的"科学理论"。柯尔施认为，这种把理论与实践分离开来，把经济、政治和意识形态分离开来的做法，只会对理论和实践产生一种"桎梏"。但不可否认的是，柯尔施总体革命的重点仍然是思想意识革命，他通过强调人的主体性，使哲学落脚到"为人"的出发点上，从而强调要发挥哲学的社会价值功能。

总之，虽然柯尔施为无产阶级革命寻找理论依据的初衷是好的，注重人的主体性、强调意识的重要性，这作为对第二国际马克思主义的理论反拨，确实存有合理的成分，但是他过分强调社会革命中思想意识革命的作用而忽视客观社会生产状况的做法，同样是不可取的。实际上这导向了一种抽象的人本主义的逻辑，对后来的西方马克思主义者产生了一定程度的影响。柯尔施为了凸显人的主体性，而"将人类主体性放到了一种不恰当的历史观基础上时，事情就开始向相反的方向转化了"。② 因此，柯尔施等人的错误告诫我们：与人的主体性维度非常重要一样，社会发展的客观方面即马克思辩证法的客体向度也同样不容被遗忘或抹杀。

第三节　葛兰西意识形态领导权思想

安东尼奥·葛兰西（Antonio Gramsci，1891～1937）是承上启下的思想家，他既传承经典马克思主义和其他早期西方马克思主义理论家的思想，又在意识形态史上实现了根本性的变革，提出了许多重要的、新颖的观点。

---

① 《马克思恩格斯选集》（第 1 卷），人民出版社，1995，第 60 页。
② 张一兵：《马克思历史辩证法的主体向度》，南京大学出版社，2002，第 328 页。

比如他的市民社会理论、意识形态物质性思想、文化霸权理论等，都在西方理论界产生深远的影响。① 葛兰西在西方被称为上层建筑专家，他在意识形态领域的突出贡献首先在于他细化并分析了马克思的市民社会和上层建筑理论。

一　市民社会成为上层建筑

与卢卡奇和柯尔施不同的是，作为意大利共产党创始人和领导者之一的葛兰西，根据革命斗争的形势，考察了西方社会的结构，认为西方国家具有不同于东方国家的社会结构。因此，西方的无产阶级革命面临的革命形势更为严峻，西方的无产阶级革命策略和道路与东方也不同。

市民社会概念在西方具有久远的历史，可追溯到古希腊时期。古希腊思想家亚里士多德探讨的城邦社会可看作市民社会最早的原型。在 16 世纪以前，"市民社会的等级和政治意义上的等级是同一的，因为市民社会就是政治社会，因为市民社会的有机原则就是国家的原则"，②市民社会等同于政治社会，即是说市民社会与国家是未分离的。近代思想家洛克、孟德斯鸠等人都对市民社会的研究作出了贡献，但真正现代意义上的市民社会概念是由黑格尔确立的。黑格尔是把市民社会与政治社会（国家）分离开来的第一人，但黑格尔认为市民社会后于国家产生，被国家决定。③ 他的这一做法是为了强调经济领域，他认为市民社会反映了私有财产、市场竞争以及人们对自由的强烈追求，至此，市民社会被纳入经济活动中来考察，但黑格尔是站在唯心主义的立场上，强调国家决定市民社会。后来马克思批判了黑格尔这种本末倒置的观点。

马克思在创建历史唯物主义的过程中继承和发展了黑格尔的市民社会思想。虽然马克思也是从经济关系、交往关系来理解市民社会的，但与黑格尔强调国家决定市民社会不同，马克思是站在历史唯物主义的角度来看待市民社会的，他认为："法的关系正像国家的形式一样，既不能从它们本身来理解，也不能从所谓人类精神的一般发展来理解，相反，它们根源于

---

① Chantal Mouffe ed., *Gramsci and Marxist Theory*, London: Routledge & Kegan Paul, 1979, p. 199.

② 《马克思恩格斯全集》（第 3 卷），人民出版社，2002，第 90 页。

③ 〔德〕黑格尔：《法哲学原理》，范扬、张企泰译，商务印书馆，1996，第 197 页。

物质的生活关系，这种物质的生活关系的总和，黑格尔按照 18 世纪的英国人和法国人的先例，概括为'市民社会'……不是人们的意识决定人们的存在，相反，是人们的社会存在决定人们的意识。"① 由此可见，物质关系的总和构成了市民社会，马克思强调的是市民社会对国家的决定作用。

葛兰西通过对西方工业社会结构的考察，发展了马克思的市民社会思想，对市民社会提出了新的见解。如上所述，马克思认为市民社会是经济基础的一部分。葛兰西在马克思论述的基础上更进了一步，认为市民社会领域已扩张到了社会结构的上层，是上层建筑非常重要的组成部分。

葛兰西不再强调市民社会的经济功能，而是更加强调市民社会的文化和意识形态功能。葛兰西指出，"市民社会"（civil society）介于国家和经济之间，代表民间社会组织和集团的利益，与之相对的是"政治社会"（political society），它代表国家和统治阶级利益，它们共同构成了上层建筑。② 在市民社会中，存在广泛的文化因素和意识形态，既有官方的意识，也有民间的和社会组织的意识。③

基于上述分析，葛兰西提出"国家＝政治社会＋市民社会"的观点。④政治社会主要是指国家的暴力专政机关，而市民社会是除此之外的包含广泛意识形态范畴的民间非正式组织，它控制着舆论导向，其关键在于民众对于阶级意识形态的"同意"或认同。这样，马克思关于社会结构的分析，在葛兰西这里也得到改造，市民社会上升为上层建筑的一部分。总之，统治阶级为了维护本阶级的统治及合法性，必须要发挥意识形态的功能，使所有人包括统治阶级和被统治阶级自愿认同其合理性。⑤ 葛兰西强调，在市民社会这一充满斗争的场域，统治阶级的价值观念被当作"常识"存续下来，从而赢得了被统治者"自愿的"赞同和拥护。

---

① 《马克思恩格斯选集》（第 2 卷），人民出版社，1995，第 32 页。
② Antonio Gramsci, *Selections from the Prison Notebooks*, London：Lawrence & Wishart, 1971, p. 12.
③ 王凤才：《文化霸权与意识形态国家机器——葛兰西与阿尔都塞意识形态理论辨析》，《马克思主义与现实》2007 年第 3 期。
④ 显然，此处的"国家"指广义的国家，等同于"上层建筑"。
⑤ Antonio Gramsci, *Selections from the Prison Notebooks*, London：Lawrence & Wishart, 1971, p. 224.

二　意识形态的物质载体

葛兰西通过对社会结构的分析，发现西方国家和东方国家的社会结构不同，在西方国家存在着广泛而牢固的市民社会，它正是意识形态发挥重要作用的地方，这也是西方国家无产阶级运动失败的原因之所在。并且，葛兰西强调，意识形态具有客观性的物质载体。

葛兰西认为，意识形态作为一种世界观的表达，它不单反映着经济基础或者错误观念，还是各种利益集团或社会组织进行斗争和博弈的场所。[①]这种世界观存在于哲学、宗教、文学、艺术、伦理、常识和民间传说等各个层次的意识形态形式里面。相较于现存的其他世界观，葛兰西更加重视具有实践意义的新型的"有组织的意识形态"（organic ideologies），这种"有组织的意识形态"不是个别人的观念的表达，而是一定的社会团体共同思想观念的表达，它促使其成员自觉接受集体意识，进而参与团体改造社会的实践活动。这种意识形态能够更好地凝聚集体意识，明确斗争目标，在实践中推动社会发展。

葛兰西进一步分析了意识形态的载体。他明确指出，上述这种新型的"有组织的意识形态"的物质载体就是教会、学校、各种宣传媒介、工会、党派等组织或团体等，并且这种意识形态需要新型的有组织的知识分子来创制和传播。[②]

在《狱中札记》中，葛兰西认为，意识形态和物质基础是形式和内容的关系，后者作为前者的内容和基础，对意识形态概念同样非常重要。即是说，在葛兰西看来，意识形态不是虚幻的，而是物质性存在。葛兰西正是在洞见市民社会中意识形态的物质性后，发现和破解了资本主义社会暂时没有"如期"走向灭亡的"秘密"。

葛兰西通过分析提出，革命要想取得成功，一个更为重要的前提条件就是，无产阶级要争夺市民社会中的"舆论"阵地，为革命营造良好的文化氛围。于是，沿着这一思路，一种新的关于领导权的思想就即将"破

---

① Antonio Gramsci, *Selections from the Prison Notebooks*, London: Lawrence & Wishart, 1971, p. 328.

② 〔意〕葛兰西：《狱中札记》，葆煦译，人民出版社，1983，第418~428页。

壳而出"。

三　意识形态领导权

葛兰西对意识形态物质载体和有机知识分子的重视，源于他对资本主义国家社会结构的深刻分析、对资本主义国家中意识形态重要作用的深刻理解。

葛兰西通过对市民社会和上层建筑的分析，提出市民社会是上层建筑的一部分，它主要由政党、工会、教会、学校、社会机构、民间组织等构成，代表的是社会舆论。

在此基础上，葛兰西认为与此相对应的领导权也包括两个方面，即相对于政治社会的"政治领导权"（political hegemony）和相对于市民社会的"文化领导权"（cultural hegemony）或"精神的和道德的领导权"（intellectual and moral leadership），[①] 后者就是意识形态领导权。在葛兰西看来，正是在市民社会中，资产阶级的意识形态发挥了作用，资产阶级通过宣扬自己的世界观而被人民大众普遍接受，从而维持了资本主义社会的稳定和发展。葛兰西认为，西方国家的社会结构与俄国不同，由于俄国不具备完善的市民社会基础，列宁领导的革命可以通过夺取政治领导权取得胜利，而西方的工业国家具有完善的市民社会基础，所以西方的无产阶级不能像俄国的无产阶级那样采取暴力革命，而必须高度重视意识形态领域的"阵地战"（war of position）。只有在市民社会中逐步夺取资产阶级在文化和意识形态上的领导权，西方的无产阶级革命才能取得胜利。而且，在社会主义革命取得胜利后，掌握政治社会领导权的阶级同样也要重视并发挥好意识形态领导权的作用。

从思想渊源上考察，葛兰西的文化领导权理论具有很深厚的历史渊源，借鉴吸收了历史上很多思想家的理论。比如葛兰西借鉴发展了意大利著名思想家尼克罗·马基雅维利（Niccolò Machiavelli，1469~1527）政治思想中的君主理论。马基雅维利认为，建立强大国家的必要条件是拥有代表人民"集体意志"、能够有效组织并领导人民的强大君主。实际上，这样的政治领袖是可遇而不可求的，显然马氏的君主理论带有很强的理想化色彩。葛

---

① Antonio Gramsci, *Selections from the Prison Notebooks*, London: Lawrence & Wishart, 1971, p. 59.

兰西在此基础上，提出了"现代君主"的概念，用以指称"政党"。在葛兰西看来，政党作为阶级组织的高级形式，可以超越个人能力界限，以"强制""说服"等手段广泛获取社会各阶级的思想认同，形成全社会的"集体意志"，进而获取文化领导权。作为意大利共产党创始人和领袖之一，葛兰西显然受到了马克思主义理论的影响，尤其是列宁的思想是葛兰西理论的直接来源。列宁在《怎么办？》《社会民主党在民主革命中的两种策略》等著作中，充分肯定了革命理论、宣传教育等文化手段在帮助无产阶级夺取革命领导权中能起到的积极作用。葛兰西继承并发展了列宁的领导权理论。在葛兰西看来，夺取文化（意识形态）领导权不仅仅是无产阶级进行革命的途径，更应该是革命的最高方法和目的，这显然是对列宁理论的发展。而且，葛兰西更强调知识分子的作用，他认为真正发挥领导作用的是"有机知识分子"（或称有领导觉悟的知识分子、有组织的知识分子）。有机知识分子与乡村社会中依附于土地贵族、处于教士阶层、非独立性的传统知识分子不同，其在上层建筑中具有独立性和自主性，与其所代表的社会集团紧密联系，并且勇敢担负起新文化的引领者和创造者的精神领袖角色。结合现实看，葛兰西关于知识分子的担当、对民众的启蒙，以及在文化建设中发挥积极作用的阐述，依然值得我们关注。

总之，葛兰西把市民社会扩展到了上层建筑领域，将意识形态与领导权相结合，使得意识形态与文化及其领导权的问题得到了凸显。在葛兰西提出文化（意识形态）领导权理论后，西方国家无产阶级的革命目标和形式更加明确：不再仅仅追求国家政治权利，而首要的目标是夺取意识形态和文化领导权。当然，葛兰西的理论也存在过分强调革命的主观条件等理论缺陷，他没有澄清意识形态领导权与政治的统治权和经济的所有权之间的关联，也没有再深入探讨无产阶级在掌握了意识形态领导权后该如何把它转化为现实的政治力量等问题。

本章小结

20世纪二三十年代，在用俄国十月革命的模式指导欧洲各国的无产阶级革命失败后，卢卡奇、柯尔施、葛兰西等早期的西方马克思主义者开始反思革命失败的原因。与第二国际庸俗马克思主义理论家将马克思主义看作一门实证主义科学不同，早期马克思主义者则主要把马克思主义理解为哲学，主要从哲学主体性、文化与意识形态的角度探讨欧洲革命失败的原因、深入分析西方社会的物化现状。他们普遍认为，西方革命失败的原因不在于客观条件（即经济基础）的不具备，而主要在于主观条件的不成熟：西方国家无产阶级缺乏应有的阶级意识、总体性革命观和意识形态领导权。由此形成了早期西方马克思主义基于阶级主体性建构的意识形态批判理论。

卢卡奇作为公认的"西方马克思主义"的主要开创者之一，在1923年出版的《历史与阶级意识》一书中提出了"物化"① 和"物化意识"概念，对西方社会展开了物化意识形态批判。从《历史与阶级意识》这本书的副标题"关于马克思主义辩证法的研究"就可以看出卢卡奇对马克思主义基本性质的独特理解。当时在马克思主义理论阵营内部对马克思主义及其辩证法的看法存在着分歧，马克思主义到底是科学还是哲学？对这一问题的不同看法反映出马克思主义面临着一种理论张力：一者是科学性和客观性的诉求，另一者则是实践性和革命性的目标。基于上述分歧，卢卡奇从哲学方法论角度重新定义了马克思主义的基本性质，重新解释了马克思主义的辩证法。在卢卡奇看来，马克思主义最根本的是一种方法，即历史辩证法，或曰"总体性辩证法"，从而试图恢复马克思主义的哲学维度，发扬马克思主义历史辩证法的实践意义。卢卡奇从哲学方法论角度重新阐释马克思主义及其辩证法，将马克思主义的哲学革命聚焦于总体性范畴和历史辩证法上，形成了西方马克思主义的基本理论走向。

柯尔施出版于1923年的《马克思主义和哲学》一书，可以看作卢卡奇《历史与阶级意识》的姊妹篇。在《马克思主义和哲学》中，柯尔施也提出了一种总体性的理论，认为应该把社会和历史作为总体来认识和把握，应该把理论和实践当作一个完整的现实的总体。柯尔施强调马克思主义在本质上是一种以理论和实践的统一为特征的总体性革命理论，一种深刻的哲学立场。显而易见，柯尔施的目的是弘扬马克思主义学说的批判本性和革命本性，恢复马克思主义的总体性和革命性。从总体性原则出发，柯尔施

---

① 最难能可贵的是，卢卡奇的"物化"概念是在马克思的《1844年经济学哲学手稿》尚未出版、马克思的"异化"概念尚未面世的情况下，通过阅读马克思《资本论》中的拜物教思想，而提出的与"异化"极其相似的概念，这足以证明卢卡奇的理论高度和思想深度。当然，"物化"和"异化"这两个概念不能完全等同，卢卡奇的"物化"具有一定的局限性。

指出经济决定论者的错误在于割裂了意识形态（上层建筑）与物质（经济基础）的关系，从而破坏了马克思主义的整体性。由此可见，柯尔施的总体性革命观致力于恢复马克思主义哲学的革命本性和批判精神，以帮助人们摆脱和扬弃异化的统治、实现人的自由和解放。这一思路为西方人本主义的马克思主义的当代发展提供了重要的思想资源。

葛兰西针对欧洲工人运动中存在的问题以及意大利的社会现实，在分析西方社会结构的基础上更新了市民社会理论，发展了文化（意识形态）领导权思想。与当时第二国际盛行的经济主义的正统解释不同，葛兰西更加注重上层建筑中的思想观念问题，于是，文化及意识形态问题成为葛兰西重点关注的对象，由此形成的文化领导权思想以及从总体性思想出发把马克思主义理解为实践哲学这种理论阐释可谓别开生面，以至于葛兰西的学说被称为"葛兰西主义"。

从理论价值上看，早期西方马克思主义的意识形态批判理论影响深远。卢卡奇对资本主义社会物化结构和物化意识的批判，柯尔施对马克思主义哲学维度的强调，葛兰西对文化（意识形态）领导权的论述，都使后来的许多思想流派把马克思对资本主义生产方式的批判转换到了文化和哲学意义上的"文化革命""意识革命"。[①] 由此开启了西方马克思主义者对马克思主义理论研究的三个理论转向：从实证科学转向哲学批判，从辩证唯物主义转向历史唯物主义，从政治经济学研究转向文化政治学研究。[②] 除此之外，卢卡奇分析现代生产的技术结构给人的心理结构带来的变化，他的批判触及生产力本身，这一思路影响了法兰克福学派的社会批判理论。葛兰西的意识形态领导权思想是阿尔都塞的"意识形态国家机器理论"和后马克思主义者拉克劳、墨菲的"话语领导权"的直接来源，也对法兰克福学派的文化意识形态批判理论产生了重大影响。

从实践价值上看，早期西方马克思主义的意识形态批判理论对欧洲无产阶级革命具有指导意义。卢卡奇、柯尔施、葛兰西等人既是理论家，也是革命家，他们大多是各自国家政党的负责人，直接参与了革命实践斗争，

---

① 〔英〕特里·伊格尔顿：《历史中的政治、哲学、爱欲》，马海良译，中国社会科学出版社，1999，第 91 页。

② 欧阳谦等：《文化的转向：西方马克思主义的总体性思想研究》，中国人民大学出版社，2015，第 77~78 页。

他们的思想源自实践基础上的理论思考，也必然会对革命实践提供指导。早期西方马克思主义者在分析总结西方国家无产阶级革命失败教训的基础上，积极思考寻求无产阶级革命的正确形式和道路。他们批判第二国际的经济决定论思想和各种教条主义的马克思主义的非科学性，更加突出人的意志、文化、意识形态在革命实践活动中的重要作用。他们认为，社会主义革命要想取得成功，就必须培育无产者的阶级意识，发挥人的能动性和创造性，使他们自觉产生本该具有的阶级觉悟。当然，这些思考以及主张明显带有一定程度的意志论色彩，过分强调主观意志在革命发展中的作用，但作为对传统马克思主义理论观点和革命策略的重新审视，这种以意识革命和文化革命为先导或主要内涵的新的革命观，终究是对 20 世纪以来西方新的文化和历史背景所作出的回应和解答，以期通过唤起人的主观力量进行无产阶级革命。

从现实价值上看，早期西方马克思主义的意识形态批判理论具有深刻的现实启示意义。卢卡奇关于物化和物化意识的批判以及总体性辩证法的分析，柯尔施的总体性革命观及其对马克思主义与哲学关系的思考，葛兰西的市民社会理论、文化领导权思想和实践一元论等，都从一定程度上切中了现代社会问题要害，直面 20 世纪人类文化和思想困境，着力于实现人的自由而全面的解放。这给我们的启示在于，在新征程上，既要大力发展社会主义市场经济，实现经济高质量发展，更要关注经济快速增长中人的全面发展。卢卡奇的物化意识形态批判理论，揭示了资本主义社会人与人之间或者人与物之间关系的扭曲，"金钱至上""资本万能"等错误观念影响了人们的思想和决策。在社会主义市场经济条件下，我们要以社会主义核心价值观凝聚人心、汇聚民力，努力消除拜金主义、个人主义、享乐主义等一系列错误思潮的影响。柯尔施把社会作为一个总体加以把握，进一步凸显了上层建筑、意识形态建设在社会整体建设中的重要地位。另外，葛兰西文化领导权思想中对于语言、教育意义的强调，启示我们应进一步发挥好教育的基础性作用，运用好教育的意识形态功能，做好新时期的意识形态工作。

第三章　法兰克福学派的文化意识形态批判理论

以社会批判理论而闻名世界的法兰克福学派，诞生于20世纪20年代的德国。1933年法西斯在德国上台执政后，法兰克福社会研究所被迫迁往美国。1945年二战结束后，法兰克福社会研究所大部分成员回到了德国，另一些成员如马尔库塞和弗洛姆则继续留在美国，着重对战后美国兴起的消费社会展开分析和批判，进一步拓展了法兰克福社会研究所的理论批判传统。法兰克福学派的著作涉及哲学、社会心理学、精神分析、文学和音乐等诸多领域。

由于法兰克福学派的大多数成员深受战争的影响，他们中有的人在法西斯主义的迫害下流浪他乡。因此，在这种深厚的历史背景下，法兰克福学派更加注重对资本主义社会意识形态的消极功能批判，而且他们的研究范围比早期西方马克思主义要宽泛许多。除了对流行文化的批判，马尔库塞、哈贝马斯等人甚至把科学和技术也当作了其批判的对象，弗洛姆更是对这一文化现象进行了社会心理学的剖析。

总之，由卢卡奇等人开创的物化批判和文化批判逻辑，在法兰克福学派这里得到了进一步的深化和转型。

第一节　大众文化意识形态批判

一　阿多诺："启蒙辩证法"与社会"同一性思考"机制

总体而言，法兰克福学派的思想深受韦伯的合理化理论和弗洛伊德的精神分析学说的影响。

德国社会学家马克斯·韦伯认为合理性包括形式合理性和实质合理性两种类型：形式合理性是作为工具和手段意义而不考虑目的正当与否的合

理性，可称为工具理性；实质合理性是一种强调目的和价值功能的合理性，可称为价值理性。他指出，当代西方资本主义社会机械化的生产，使人失去了自主性，人成为对象性的被奴役的工具而没有了灵魂，因此，理性已经降格成工具理性。

西格蒙德·弗洛伊德创立的精神分析学说，不但发展了西方国家的心理学研究，而且对其他学科也产生了重大的影响。弗洛伊德将人格分为意识、前意识和潜意识三个层次，它是由本我、自我和超我三个部分组成的。人类社会历史发展根源于人的无意识的（性）本能冲动，人类文明的进步是性本能遭到压抑和升华的产物，甚至社会意识形态（如道德、宗教、艺术等）也是性本能被压抑的产物。

法兰克福学派前期的重要代表人物西奥多·阿多诺（也译作西奥多·阿道尔诺、特奥多·阿多尔诺等）（Theodor Wiesengrund Adorno，1903-1969）和马克斯·霍克海默承继了韦伯和弗洛伊德的思想精髓。韦伯关于合理化在导向自由和解放的同时也带来束缚和物化的观点，激发了霍克海默和阿多诺对启蒙精神的反思。在他们看来，启蒙包含了自我否定的力量，启蒙精神由于自身的逻辑而走向了它的反面。① 这就是他们的"启蒙辩证法"的含义。

阿多诺以弗洛伊德的精神分析理论为前提，分析了意识形态的社会功能。阿多诺发现，意识形态有利于人们在利用自然和劳动生产的过程中控制自己的本能冲动和欲望，一切意识形态就是为了建立起一种社会"同一性思考"（identity thinking）的机制。这种社会同一性是虚假的，它通过欺骗以获取民众对意识形态的认同。在当代资本主义社会，文化工业制造出来的大众文化就是意识形态的最佳载体和工具，意识形态通过隐蔽的方式通过大众文化的形式表现出来。大众文化使当代资本主义社会的意识形态更加具有隐蔽性、渗透性，更具有感染力和说服力。因此，在法兰克福学派看来，他们的首要任务就是开展对大众文化的批判，侧重于批判大众文化消极的意识形态功能，从而形成了大众文化意识形态批判理论。

二　操纵、欺骗、辩护：大众文化的消极功能

法兰克福学派认为意识形态是社会"同一性思考"的机制，这种同一

---

①　曹卫东编选《霍克海默集》，渠东、付德根译，上海远东出版社，2004，第161~163页。

性抹杀了事物的多元性和个人的独特性，造成了人们思维和社会结构的单一化趋势明显。在他们看来，这种"同一性"带来的虚假性和非真实性可以看作一切意识形态（包括大众文化）所固有的普遍特征。

总体来看，法兰克福学派具体分析和揭露了资本主义意识形态具有以下几个方面的消极功能。

（一）意识形态的操纵功能

霍克海默和阿多诺在《启蒙辩证法——哲学断片》中指出，当代资本主义的文化工业呈现出"齐一化"和"标准化"的趋势。文化工业按照一定的标准和程序，大规模地生产、复制和传播文化产品，文化被商品化操作和运营。[①] 在这种"标准化"的文化生产过程中，人们彻底失去了自己的个性、劳动的创造性和艺术欣赏能力，完全被文化工业所操控。资本主义社会用文化侵占着人们的劳动过后的片刻闲暇时光，并通过娱乐和消费来传播价值，使个人丧失了内在的自由和独立决断能力。[②] 人们自以为是自己在思考和观察，其实际是统治阶级意识形态通过大众文化对他们的操纵。

赫伯特·马尔库塞也关注大众文化的意识形态操控功能，尤其是资本主义社会的艺术作品，完全被当成商品在进行生产和交换，人们追求的只是艺术作品的交换价值和由交换带来的利润和效益，而完全忽略了作品本身的艺术和审美意义。市场决定一切，包括文化的价值。[③] 其后果则是明显的文化艺术异化。

总之，在他们看来，当代社会的大众文化具有与商品拜物教同样的意识形态操纵功能。

（二）意识形态的欺骗功能

在法兰克福学派笔下，文化工业通过大众传媒的美化和艺术化，向人

---

① 〔德〕马克斯·霍克海默、西奥多·阿道尔诺：《启蒙辩证法——哲学断片》，渠敬东、曹卫东译，上海人民出版社，2006，第126页。

② 〔德〕马克斯·霍克海默、西奥多·阿道尔诺：《启蒙辩证法——哲学断片》，渠敬东、曹卫东译，上海人民出版社，2006，第140页。

③ 〔美〕赫伯特·马尔库塞：《现代文明与人的困境——马尔库塞文集》，李小兵等译，上海三联书店，1989，第138页。

们展现了一个虚幻的美景，大众文化让人们淡忘了现实生活中的苦难和压抑，产生一种舒适的错觉。人们驻足在五光十色的商品宣传画前而忘却了实际生活中的凄惨；艺术品成了调节人们精神生活的安慰剂。① 大众文化为人们提供了一个虚假的幻想的空间，人们在幻想中得到了满足，但文化工业向人们许诺的东西，作为幻觉，在现实中根本无法实现。② 大众文化不但实现不了它的诺言，相反，人们在被欺骗中感到更加压抑和痛苦。马尔库塞把这种大众文化称作"肯定的文化"。③ 这种肯定文化是体现现存社会秩序的文化模式，它通过提供虚假的幻想而弱化大众的否定力量。

（三）意识形态的辩护功能

法兰克福学派认为，大众文化通过娱乐的方式为消费者提供逃避现实的幻想空间，消解了大众对严酷现实的反抗，培养出支持统治和维护现状的顺从意识。阿多诺指出，阶级统治在意识形态的辩护中被维持，这种意识形态以公开或者虚伪的形式向人们许诺统治的合法性和长久性。④ 总之，大众文化成了"帮凶"，是统治阶级为自己的不义行为辩护的工具，它给大众的行动以指示：要求他们无条件地、绝对地服从。在马尔库塞看来，发达工业社会的大众文化使人们变成了"单向度"的人，使社会也变成了"单向度"的社会。并且，在这样"单向度"的社会中，人们的思维也变成了"单向度"，人完全丧失了反抗的意识和能力。⑤

三 异化的消费及其批判

二战后，消费成为促进经济快速发展的重要动力，人们也一步一步地进入了"消费"的陷阱。于是，法兰克福学派批判的矛头发生了转向。他们认为，在发达工业社会，不仅出现了全面的异化，而且对人的操控已延伸到日常生活方面，尤其是消费领域，在社会生活各个方面渗透着强烈而

---

① 〔德〕马克斯·霍克海默、特奥多·阿多尔诺：《启蒙辩证法（哲学片断）》，洪佩郁、蔺月峰译，重庆出版社，1990，第130~131页。

② 〔美〕马丁·杰：《阿多诺》，瞿铁鹏、张赛美译，中国社会科学出版社，1992，第186页。

③ 欧力同、张伟：《法兰克福学派研究》，重庆出版社，1990，第284页。

④ 〔德〕特奥多·阿多尔诺：《否定的辩证法》，张峰译，重庆出版社，1993，第321页。

⑤ 〔美〕赫伯特·马尔库塞：《单向度的人——发达工业社会意识形态研究》，张峰、吕世平译，重庆出版社，1988，第14页。

隐秘的"消费控制"。

法兰克福学派的消费文化批判对列斐伏尔（存在主义的马克思主义）日常生活中的意识形态批判、鲍德里亚（后马克思主义）符号消费意识形态批判、阿格尔（生态学的马克思主义）消费批判理论等都产生了重大的影响，他们的思想一起构成了西方马克思主义意识形态批判理论当中宏大的消费文化批判思想。

（一）霍克海默、阿多诺：文化艺术的商品化

霍克海默和阿多诺从马克思《资本论》中商品拜物教批判找到灵感，对文化工业展开了批判。他们看到，在发达工业社会，文化艺术同商业活动密切联系在一起，文化艺术作品从生产到消费，都受到商品经济规律的统治，文化和艺术作品具有了商品的形式和特征。他们指出，文化工业把艺术作品转换成了商品类型，[①] 文化作品被商品化了，它们的艺术性和审美性也被大打折扣，而完全屈从于资本主义的利润动机和商品经济的交换价值。阿多诺以音乐为例讨论了音乐商品化的现象。在美国，当代音乐的商品化现象十分严重，人们为了追求交换价值，大量的流行音乐被生产出来。这种商品化的流行音乐，导致了严重的后果：音乐作品完全受市场经济规律所左右，而不再像过去一样被分为"轻音乐"和严肃的音乐；音乐创作者也不再关心音乐作品的艺术审美性，而只关心音乐的商业价值；只有先锋派音乐尚且关注其作品的创制性，其他音乐作品则完全受市场经济规律所支配。也就是说，在资本主义社会，包括音乐在内的文化作品都成为商品，文化作品的艺术审美价值被其交换价值所取代。[②] 同马克思揭示的商品拜物教一样，现在出现了"音乐拜物教"。只不过，在阿多诺看来，这种"音乐拜物教"并不出自心理学范畴，而是来自经济学范畴，它意味着，人们崇拜的不是音乐作品的艺术审美性，而是音乐作品在商品经济中的交换价值。

（二）马尔库塞：广告刺激下的虚假需求

法兰克福学派看到，在发达工业社会，广告也掺杂在商品化的文化作

[①] 〔德〕马克斯·霍克海默、西奥多·阿道尔诺：《启蒙辩证法——哲学断片》，渠敬东、曹卫东译，上海人民出版社，2006，第120页。

[②] 欧力同、张伟：《法兰克福学派研究》，重庆出版社，1990，第288页。

品中起到助推作用，文化作品同广告宣传常常交织在一起，人们在欣赏文化作品的同时不得不接收作品中附带的广告，这些广告极大地刺激了人们的消费欲望。马尔库塞指出，文化工业借助广告宣传获得了消费者的"自愿性"购买兴趣，哪怕其实消费者并不需要这样的产品。① 借助广告等大众传媒，发达工业社会不断向大众灌注新的消费需求，但这种被刺激起来的需求并不是人们真实的需求，而是一种"虚假的需求"。② 由此可见，广告等传媒给人们灌输虚假的需要，一再刺激人们去购买最新的产品，并使人们相信这些产品就是自己真正需要的，结果使得人们的消费一直处于资本逻辑的控制之下，维持着资本主义制度的再生产需要。

（三）弗洛姆：消费成为人们"幻想"的满足

法兰克福学派另一位重要代表人物埃利希·弗洛姆（也译作埃里希·弗洛姆）侧重于从心理学的角度批判当代资本主义社会的消费异化。弗洛姆同样赞同广告支配下的高消费行为是人的非真实需要，广告和高消费诱惑强烈刺激着人们的心理。③ 在这种刺激下，消费产生了异化，消费本应该是人的一种具体的、有意义的、充满感情的行为，但在当代资本主义社会，人们消费的是一种被激发的"想象"。比如，我们喝可口可乐这种饮料，不仅是为了解渴，主要是在"喝"广告标语上那一幅幅少男少女畅饮的景象，因为标语让你感觉"喝一口精神百倍"。在这种虚假的需求的呼唤下，人们不停地"消费"广告制造出来的"幻象"，而与自己实际的真实需求没有了太多联系。弗洛姆认为，在现代工业化社会中，人由消费活动的主体变成了被动的消费者，商品通过人们的消费活动操控了人们的身心，人变成了物的奴隶。④ 消费脱离了它本来的意义，不能使人生活得更加幸福、更加满足，相反，现在的消费使人停留在虚幻的世界中。弗洛姆直言，消费是为

---

① 〔美〕赫伯特·马尔库塞：《现代文明与人的困境——马尔库塞文集》，李小兵等译，上海三联书店，1989，第138页。

② 〔美〕赫伯特·马尔库塞：《单向度的人——发达工业社会意识形态研究》，刘继译，上海译文出版社，1989，第6页。

③ 〔美〕埃利希·弗洛姆：《健全的社会》，欧阳谦译，中国文联出版公司，1988，第106～107页。

④ 〔美〕埃里希·弗洛姆：《在幻想锁链的彼岸——我所理解的马克思和弗洛伊德》，张燕译，湖南人民出版社，1986，第174页。

了满足人们被刺激起来的幻想，也是一种被异化了的虚幻行为。[1] 由此可见，在发达工业社会，消费异化的程度已经相当深刻，成为一种幻觉直达人的内心。

总之，在法兰克福学派看来，发达工业社会凭借大众文化进行着意识形态控制，通过将一切商品化，把虚假的需要和虚假的意识强加给了人，使所有的人都受商品拜物教支配。人们在商场琳琅满目的商品中挑选时认为这是自己真实的需要，购买商品就是自己真正自由的体现，并在这种幻觉中获得了满足。这些意味着，发达工业社会的意识形态变得更加虚伪和隐蔽，更难以被发觉。

第二节　科技意识形态批判

如上所述，法兰克福学派通过揭露现代文化的操纵、欺骗、辩护等消极意识形态功能，揭示了资产阶级的意识形态对民众生活和心理的影响，指出了它诱骗大众的图谋和虚伪的特征。

由于法兰克福学派大多都是从否定性的角度来批判资产阶级的意识形态，他们对意识形态概念的把握和理解存在局限性，看不到资产阶级意识形态与一般意识形态的联系和区别。他们将批判的矛头错误地指向了可能会产生意识形态消极影响的方面，比如科学和技术。马尔库塞、哈贝马斯等人甚至将现代科技（作为"第一生产力"）和理性（工具理性）也当作了意识形态批判的对象来考察。

一　霍克海默：工具理性批判

20世纪以来，一系列的科技革命使社会生产力得到了快速发展，同时也使西方社会的阶级结构和社会生活方式发生了改变，人们享受到丰裕的商品，同时也处于被完全商品化和物化的社会之中，人与人之间的关系甚至个人精神需求的满足都被物化所操控。

法兰克福学派的开创者之一霍克海默注意到了这一变化，他通过分析指出，当代社会发展到了一个新的阶段，过去是自由竞争的企业家占据着

---

① 〔美〕埃利希·弗洛姆：《健全的社会》，欧阳谦译，中国文联出版公司，1988，第134页。

社会的上层，现在许多掌握着科学和技术的管理者也进入社会上层。部分无产者也由于掌握着科学技术，开始逐步融入资本主义社会。① 随着科学和技术的广泛运用，科技发展带来的负面效应使得霍克海默对现代科技的合理性进行了反思和批判。

1933 年，霍克海默就阐述了科学在促进社会进步的同时也给社会发展带来了危机和挑战。他认为，"一系列模糊的、僵化的、拜物的概念能够持续不断地发挥作用",② 就连形而上学在应对这种科学的危机时也显得苍白无力，甚至带来更大的迷惘。因此，虽然形而上学与科学对立，但在发达资本主义社会，一切形而上学连同科技都变成了意识形态。③ 因为，它们已经变成一种实证科学，为现实辩护，掩盖了事实的真相，所以，科学技术就是一种意识形态。按理说，对作为意识形态的科技的批判应该深入社会生活中去寻找其根源，但霍克海默在此并没有展开论述。

霍克海默认为，科技被赋予了意识形态的功能，掩盖了社会危机的真相。现实生活中，人们用技术理性来考量一切事物，包括人们自己的思维活动也被工具理性所限制，人们由此失去了对现实的反思能力进而失去了自我意识，现代科学技术及其带来的工具理性，构成了资本主义社会意识形态的根基，也使人们失去了对人生意义的思考能力。④

总之，在霍克海默看来，启蒙运动以来的工具理性只追求短期的实际效益，却回避了对整个社会的宏观考察，人们日益沦落为机械化的个体而丧失了对现实的批判精神。也就是说，不仅工具理性的发展造成人类对自然环境的破坏越来越严重，而且工具理性也控制着人类本身。⑤ 霍克海默对科技批判定下的基调，在马尔库塞和哈贝马斯那里得到了凸显和深化。

二 马尔库塞："新感性"对"单向度"思维的超越

马尔库塞在 20 世纪 50 年代就一再强调，科学技术不但促进了社会经济

---

① 〔德〕麦克斯·霍克海默：《批判理论》，李小兵等译，重庆出版社，1989，第 5 页。
② 曹卫东编选《霍克海默集》，渠东、付德根译，上海远东出版社，2004，第 160 页。
③ 曹卫东编选《霍克海默集》，渠东、付德根译，上海远东出版社，2004，第 161~162 页。
④ 曹卫东编选《霍克海默集》，渠东、付德根译，上海远东出版社，2004，第 45 页。
⑤ 〔德〕霍克海默：《工具理性批判》，曹卫东译，上海人民出版社，2003，第 30 页。

的发展，并且已经变成一种新的维护政治统治的意识形态形式。[①] 这与霍克海默的看法如出一辙。马尔库塞对这种新的意识形态进行了尖锐的批判，他全面论述了发达工业社会中科学技术的意识形态性，以及它所造成的社会单一化趋势和人的单向度思维模式。

马尔库塞指出，在现代社会，人们的思想被全面管控。在他看来，科技意识形态使得个体和社会都带有单向度的思维，具体体现在以下几个方面。

（一）人们在科学技术带来的标准化生产中丧失了反抗精神

马尔库塞看到，科学技术的发展带来人们劳动的机械化和生产过程的规范化。他论述道，科技已经变成物化的重要工具，人们之间的关系也受实证科学的规律所操控。[②] 现代科技的发展，使生产力水平得到提升，但同时使人性受到前所未有的压制。人们在机械化操作的社会里，沦落为其中的一颗颗"螺丝钉"，日复一日、年复一年地重复着机械的工作，其生活既紧张又单调，毫无乐趣可言。在这种情况下，劳动成为手段而不是目的，人们依附于机器而自愿接纳被操控的现实，全然忘记了奋争与反抗。

（二）人们被统治者打造的虚假的需求所同化

马尔库塞指出，人们除了有基本的生活必需的真实需求之外，还有发达工业社会为人们制造的许多虚假的需求。统治阶级为了自己的利益，通过广告等手段刺激人们对商品产生的强烈消费意愿，就是虚假的需要。[③] 马尔库塞认为，这些虚假的需要是发达工业社会强加给人的，人们把它当作自己真实的需要来追求，并且在这种虚假的物质享受中难以自拔，丧失批判能力和反抗精神，变成了顺从的被统治者，成为"单面人"。

（三）科技带来的新的生活方式掩盖了阶级差别

马尔库塞指出，现代科技的进步促进了社会财富剧增和人们生活水平

---

① 欧力同、张伟：《法兰克福学派研究》，重庆出版社，1990，第 268 页。

② 〔美〕赫伯特·马尔库塞：《单向度的人——发达工业社会意识形态研究》，张峰、吕世平译，重庆出版社，1988，第 60 页。

③ 〔美〕赫伯特·马尔库塞：《单向度的人——发达工业社会意识形态研究》，刘继译，上海译文出版社，1989，第 6 页。

提高，过去的"赤贫"状态已经不存在了，发达工业社会出现了一派看似公平的繁荣景象：工人和老板欣赏着同频道的电视节目，黑人也能与白人开同样品牌的高级汽车，原先的阶级差别似乎不存在了。但马尔库塞却指出，这种虚幻的看似平等的社会现象背后，隐藏着更为深刻的意识形态。[①]科技使得不同阶级间的鸿沟被遮蔽了，难以发现。

马尔库塞接着从科学技术内在本质出发否定了"技术中立"的观点：技术合理性从表面上看来超越了政治上的中立性，但这种技术中立性只是为了维护阶级统治的需要。在马尔库塞看来，"技术中立"的观点是虚幻而不成立的，其目的只是维护阶级统治。[②] 马尔库塞甚至在 20 世纪 70 年代初所写的《反革命与造反》一书中用一个公式表明，技术的进步在促进社会财富增长的同时，也造成了对人的奴役的加强。[③]

总之，马尔库塞发现，科学技术的影响巨大，它使个体和社会具备单向度的思维，从而维护着资本主义社会的政治统治。

那么如何才能消除和超越科技意识形态带来的单向度思维，改变资本主义社会中人被奴役的现状呢？马尔库塞求助于艺术的"新感性"（new sensibility）。在《审美之维》中，马尔库塞指出，新感性作为对科学技术的反面理智，能够使人们把握"美的尺度"，从而在全社会中孕育出审美的价值追求。[④]

由此可见，马尔库斯把"新感性"当作了摒弃技术理性进行政治革命的基础，当作一条艺术解放之路，这与马克思的意识形态批判理论相去甚远。

三 哈贝马斯：在交往中重建理性

尤尔根·哈贝马斯是法兰克福学派第二代核心人物，他对科学技术的

① 〔美〕赫伯特·马尔库塞：《单向度的人——发达工业社会意识形态研究》，刘继译，上海译文出版社，1989，第 9 页。

② 〔美〕赫伯特·马尔库塞：《单向度的人——发达工业社会意识形态研究 》，刘继译，上海译文出版社，1989，第 72~73 页。

③ 上海社会科学院哲学研究所外国哲学研究室编《法兰克福学派论著选辑》（上卷），商务印书馆，1998，第 604 页。

④ 〔美〕赫伯特·马尔库塞：《审美之维》，李小兵译，广西师范大学出版社，2001，第 98~99 页。

基本态度，集中体现在他 1968 年为纪念马尔库塞诞辰 70 周年所写的《作为"意识形态"的技术与科学》中，在其中他对马尔库塞的观点进行了深化和补充。

哈贝马斯也认为，在发达工业社会科学和技术成了保障统治合法性的一种意识形态，马尔库塞的基本理论为我们分析资本主义社会的变化格局提供了分析方法。[①] 哈贝马斯进一步强化和修正了马尔库塞的一些观点，这主要体现在以下几个方面。

（一）"科学技术是第一位的生产力"

哈贝马斯发现科技进步对社会发展的重要作用，他进一步得出结论：科学技术是"第一位的生产力"。19 世纪晚期，资本主义社会进入了晚期资本主义社会，它的主要特征就是技术日益科学化。并且，科学和技术连接在一起，作为一个体系共同影响着国家的军事和商业的发展。[②] 资本主义从自由竞争阶段发展到晚期资本主义阶段后，为了更快地提高劳动生产率，科学研究与技术被统一在一起，它们对社会的进步和发展起到的作用非常大。可以说，科技的进步推动着社会经济的发展，也为科学和技术成为晚期资本主义社会的一种意识形态提供了基础和前提。

（二）科学和技术发挥意识形态作用的方式有别于传统意识形态

在哈贝马斯看来，科技除了能推动人类生产能力提高以外，它还是一种新型的意识形态，它与传统意识形态不同的地方在于它更具隐蔽性。一切表面上看来不具有太多的意识形态性的事物，都逃不过它的掌控。[③] 也就是说，一方面，技术和科学作为生产力的方式，能够为当代资本主义国家进行辩护；另一方面，科学技术还进一步强化着资产阶级统治的合法性。科技的进步推动了社会的快速发展，但因为技术代表着先进的生产能力而

---

① 〔德〕尤尔根·哈贝马斯：《作为"意识形态"的技术与科学》，李黎、郭官义译，学林出版社，1999，第 58 页。

② 〔德〕尤尔根·哈贝马斯：《作为"意识形态"的技术与科学》，李黎、郭官义译，学林出版社，1999，第 62 页。

③ 〔德〕尤尔根·哈贝马斯：《作为"意识形态"的技术与科学》，李黎、郭官义译，学林出版社，1999，第 69 页。

服务于现代生产，所以这种新式的意识形态广泛渗透于社会的各个角落，人们只热衷于追求技术的进步而对政治失去了兴趣，社会中弥漫着"去政治化"的舆论导向。

我们可以简单阐述一下哈贝马斯与马尔库塞科技意识形态批判理论的差异：如果说马尔库塞更多的是消极地看到了科技意识形态给人们带来的束缚的话，那么哈贝马斯则主要看到了科技意识形态对维护阶级统治的积极功能。

（三）交往理性对科技意识形态的超越——理性重建

如前所述，哈贝马斯业已指明，在晚期资本主义社会，科学技术成为第一位的生产力，推动着经济发展和社会制度的完善，对国家具有辩护功能，但同时它还是一种新型的意识形态。按照哈贝马斯的分析，这种意识形态的特点就是：科学和技术使人的劳动的行为和目的合理性与人的交往活动相分离，人们对文化的理解被人的异化所替换。[1] 哈贝马斯在此借助韦伯关于工具合理性（目的合理性）和价值合理性的概念区分了劳动和交往，他将劳动（工具行为、目的合理性）与相互作用（communicative action，即交往行为）进行了对比。

后来，哈贝马斯在《交往与社会进化》中进一步区分了劳动和交往的概念及其不同的作用。在西方思想史上，马克斯·韦伯曾经主张把理性区分为工具理性和价值理性两种，哈贝马斯在此基础上进一步把人的活动区分成劳动和交往两种形式。在哈贝马斯看来，合理化过程其实是一个双向的过程，既包括劳动（目的理性活动）也包括交往。而在现代社会，与生产技术联系在一起的只是劳动行为的合理化，这种目的合理性的扩张严重扭曲了人们的交往空间，使人们只对科技产生盲目的信仰，而不再关注公共政治领域。

由此，哈贝马斯指责霍克海默、马尔库塞等人对合理化过程的描绘只注意到了目的理性而忽视了交往理性（主体间性的相互理解问题）。哈贝马斯甚至还武断地认为马克思学说的两个主要方面（阶级斗争和意识形态）

---

[1] 〔德〕尤尔根·哈贝马斯：《作为"意识形态"的技术与科学》，李黎、郭官义译，学林出版社，1999，第 69 页。

已经不合时宜了，需要一个新的解释。在哈贝马斯看来，马克思的意识形态只侧重于政治经济学批判，而在晚期资本主义社会，科技意识形态已经代替政治意识形态取得了合法性的基础，因此传统的意识形态理论在晚期资本主义社会已经失去了应有的作用。马克思对生产力和生产关系的论述，如今可以用劳动及劳动中人的相互关系（即人以语言为媒介的交往行为）来表达。[①] 也就是说，交往成为重建意识形态"合理化"的主要形式。[②]

因此，哈贝马斯主张，要破解科技意识形态、消除技术统治，就要用他的交往行为理论（即交往理性）来代替马克思的意识形态理论（历史唯物主义），进而完成拯救或重建理性的哲学使命。

显然，哈贝马斯误解了马克思意识形态批判的内容。因为马克思对资本主义社会的批判尤其是对意识形态的批判，是从哲学、经济学、政治社会、文化等角度的全面的总体性批判，并且从这几个角度进行的批判相互渗透、互相包含。[③] 马克思意识形态批判的目的在于从劳动实践的角度批判资本主义整个体制和生产方式。而哈贝马斯尽管注意到在现代社会科技被用来维护资产阶级的统治，并揭示出了内蕴于生活世界中的交往理性精神，似乎找到了意识形态批判的新的路向，但哈贝马斯侧重于对科学技术的意识形态批判，其目的只是在交往基础上重建理性。所以，哈贝马斯的科技意识形态批判偏离了马克思的批判逻辑，他没有真正找准晚期资本主义社会危机的根源，也无法真正重建理性。

第三节　弗洛姆社会心理学维度的意识形态批判

从 20 世纪 20 年代中期开始，随着法西斯主义的兴起和战争给人们心理带来巨大创伤，在西方理论界，综合心理分析与社会批判的弗洛伊德主义的马克思主义诞生了。赖希、马尔库塞、弗洛姆是弗洛伊德主义的马克思

---

① 〔德〕尤尔根·哈贝马斯：《作为"意识形态"的技术与科学》，李黎、郭官义译，学林出版社，1999，第 71 页。

② 〔德〕尤尔根·哈贝马斯：《作为"意识形态"的技术与科学》，李黎、郭官义译，学林出版社，1999，第 76 页。

③ 张秀琴：《西方马克思主义意识形态理论的当代阐释》，中国传媒大学出版社，2005，第 192 页。

主义的代表。由于马尔库塞的思想在前文已经介绍过了，这一节主要阐述弗洛姆社会心理学视角下的意识形态批判理论。

总体而言，在法兰克福学派思想家中，弗洛姆是主张结合马克思主义与弗洛伊德精神分析学说的代表，他从社会心理学视角展开的意识形态分析独具特色。而且最重要的是，弗洛姆把意识形态批判的逻辑由过去的宏观生产批判转向了当代微观的心理剖析。

一 社会性格学说

弗洛姆认为，在马克思的意识形态学说所构建的社会结构图式中，缺少一个"中介"环节。也就是说，建立在经济基础之上的意识形态到底是如何产生出来的，马克思、恩格斯并没有阐述清楚。而且这种直接的反映关系只有在意识形态是经济基础的直接体现的地方才具有合理性，一旦遇到某一种具体的意识形态，马克思的意识形态理论就容易被简化为一种经济决定论（这也是卢卡奇在《历史与阶级意识》中批判的对象）。而纳粹的上台更凸显了这一问题，工人阶级为什么会抛弃代表他们利益的无产阶级政党转而支持极权主义的纳粹政党？简单的经济决定论无法回答。弗洛姆等人主张用弗洛伊德主义来补充马克思的理论，"社会性格学说"即是这两种理论综合的产物。

（一）何谓社会性格

众所周知，弗洛姆的社会性格学说来源于弗洛伊德的性格理论。

弗洛伊德在治疗病人的精神疾病时，发现患者的性格和心理活动是造成精神疾病的主要因素。弗洛伊德认为性格是力比多的表现，是一种内驱力系统，性格对应于动物的本能规定性。不同的性格（口唇性格、肛门性格、性器性格）是由不同的本能（性）驱力的升华或者反应形成的。

弗洛姆也同样使用了弗洛伊德的这些性格术语，但是他不同意弗洛伊德把性格建立在力比多之上，他指出，不应该从力比多的组织类型中来界定性格，相反，应该从人与世界的联系中来看待性格。[①] 性格体现着人与世界的关

---

① 〔美〕埃里希·弗洛姆：《自为的人——伦理学的心理学探究》，万俊人译，国际文化出版公司，1988，第50页。

系，而不是之前的行为主义者所认为的性格"表明某一个人的特点的行为模式"，因为同样的行为也可能反映不同的性格，就比如富裕的人和贫穷的人都可能非常节俭，但只有富裕的人"惜财如命"才能称得上"小气"。

弗洛姆认为，社会性格与个人性格是有区别的，社会性格不是众多个人性格的汇总，也不是某个社会发展时期大多数人的性格特点的数据统计。相反，社会性格是指"在某一文化中，大多人所共同拥有的性格结构的核心"。[①] 某一特定社会中的大多数人的精神气质通过社会性格汇聚成同一个目标，每个国家、民族、社会或阶级都有自己的性格特点，就好比"中国龙""亚洲雄狮""西北战狼"等字眼都体现着一定的社会性格。

（二）社会性格的功能和种类

弗洛姆认为，社会性格能够使人们内心活动与外部的环境变化相一致。一句话，作为社会力量的"黏合剂"，社会性格具有整合社会成员的能力和意志、认同社会文化、维持国家安全和社会稳定的重要作用。[②]

弗洛姆进一步指出，在经济基础和意识形态之间，存在着社会性格这一桥梁和中介。社会性格是引导人们适应社会、维护社会存在的主要因素，它在经济基础和社会普遍流行的思想之间、社会经济结构和思想的相互转化之间，都起到中介作用。这样，弗洛姆就用公式（经济基础⇔社会性格⇔思想和理想）很好地说明了经济基础和意识形态相互作用的机制。经济基础产生某种社会性格，这种社会性格对社会的经济结构产生影响。弗洛姆进而提出，经济基础有可能与意识形态保持一致，也有可能与意识形态不衔接甚至相反。

弗洛姆总体上把社会性格分为非创发型性格和创发型性格（有时也译成非生产性/非创造性性格和生产性性格）。弗洛姆认为非创发型性格是不健康的性格，而理想的类型就是他所欣赏的创发型性格（代表着"爱"与"创造"）。

---

① 〔美〕E. 弗洛姆：《健全的社会》，孙恺祥译，贵州人民出版社，1994，第62页。

② 〔美〕埃里希·弗洛姆：《在幻想锁链的彼岸——我所理解的马克思和弗洛伊德》，张燕译，湖南人民出版社，1986，第83页。

二 社会无意识理论

后来，弗洛姆正式提出了社会无意识概念，但它与弗洛伊德的个人无意识、荣格（Carl Gustav Jung，1875~1961）的集体无意识概念是有所差别的。

（一）"社会无意识"概念的形成

弗洛伊德在吸收17世纪的斯宾诺莎的无意识概念的基础上提出，无意识是被压抑在意识之下的深层心理领域中的本能和欲望，无意识作为潜在的力量，操控着人的思维，驱使着人们"本能"地、"自觉"地进行活动。

当然，弗洛伊德的无意识理论存在着局限：它只是局限在个体心理学领域，只考虑到意识形态产生的生物学动力，即人的（性）本能冲动，而忽略了对个人产生影响的经济和阶级等因素。

后来，瑞士心理学家卡尔·荣格不满意弗洛伊德的个体无意识理论而提出了集体无意识学说。荣格的集体无意识是指位于个人无意识之下的更深一个层次的普遍无意识，是一种超越个人的共同的普遍的精神，其中绝大部分不会成为意识。简言之，它是经过了很长历史时段沉淀下来的一种普遍存在的先天的精神现象。

弗洛姆的社会无意识与弗洛伊德的个人无意识、荣格的集体无意识是不同的，弗洛姆的社会无意识与人们所处的社会状态和经历密切相关。弗洛姆的社会无意识，是针对社会大多数成员而言的，它是作为一个特定的社会所不允许达到意识的那部分经验，受压抑的那部分普遍精神。①

弗洛姆认为，某一特定社会中大多数成员被压抑着的无法进入人的意识层面的心理和思维，就是社会无意识。② 接着，他进一步指出，这种社会无意识是经过某种意识形态"过滤"而形成的结果。

（二）"社会过滤器"

弗洛姆认为，社会无意识是社会压抑造成的，社会压抑使人们特定的

---

① 张伟：《弗洛姆思想研究》，重庆出版社，1996，第63页。
② 〔美〕埃里希·弗洛姆：《在幻想锁链的彼岸——我所理解的马克思和弗洛伊德》，张燕译，湖南人民出版社，1986，第93页。

思想、观念和经验通过"社会过滤器"才能成为意识。在弗洛姆看来，"社会过滤器"主要通过下列三种方式来阻止意识的形成。

第一种方式：语言过滤。弗洛姆认为，人们日常使用的语言及其结构，使某些经验无法进入人们的意识。[①] 马克思已经指出，语言是社会实践的产物，是人们表达和交流思想的工具。[②] 弗洛姆赞同马克思的观点，但他指出，分属于不同民族、不同文化的语言难以表达所有民族、所有文化的人类实践，有些情感体验在某种语言中存在着丰富的词汇来表达，而在另一种语言中却难以找到词语来表达。这种在某一种文化中难以用语言来描绘的情感体验就无法上升到社会意识领域，从而成为被压抑的无意识。

第二种方式：逻辑过滤。弗洛姆认为，某一特定社会文化中影响人们思维定式的规律，就是第二种过滤的方式，即逻辑过滤。[③] 也就是说，与某一种文化体系的思维规律相违背的东西，很难进入人们的意识。比如，现代人与原始人对生与死的看法完全不同，原始人可能会觉得死与生是一种互渗的过程或体验，但现代人"科学"的思维很难以接受这一"逻辑"。在现代人看来，生与死有绝对的界限。因此，原始人的那种生死互渗的意识被"过滤"在现代人的意识之外了。

第三种方式：社会禁忌过滤。在弗洛姆看来，社会禁忌是非常重要的过滤方式。它告诉人们哪些事情该做，哪些不该做；哪些想法该有，哪些想法是不被允许的。上述这些"礼法约束"都使社会意识难以达成，而成了社会禁忌。[④] 弗洛姆认为，社会禁忌过滤最能体现意识形态的功能，通过意识形态灌输（"洗脑"或者"教育"的方式），使人们完全按照社会的德行、法规和民俗行事。身处社会中的人们，总会压抑住那些不为社会所允许的意识。

弗洛姆之所以会谈到一个社会对无意识的压抑，主要是因为这个社会是个不合理的异化的社会，这为他接下来开展的资本主义社会批判以及资

---

① 〔美〕埃里希·弗洛姆：《在幻想锁链的彼岸——我所理解的马克思和弗洛伊德》，张燕译，湖南人民出版社，1986，第125页。

② 参见《马克思恩格斯文集》（第1卷），人民出版社，2009，第533页。

③ 〔美〕埃里希·弗洛姆：《在幻想锁链的彼岸——我所理解的马克思和弗洛伊德》，张燕译，湖南人民出版社，1986，第125页。

④ 〔美〕埃里希·弗洛姆：《在幻想锁链的彼岸——我所理解的马克思和弗洛伊德》，张燕译，湖南人民出版社，1986，第126页。

本主义社会意识形态的心理机制分析和批判做好了准备。

三 "逃避自由"与人道主义"构想"

弗洛姆在其著作《逃避自由》（1941）中，运用社会心理学理论对现代人的性格特征进行了深层次的心理机制的剖析。弗洛姆基于社会心理学视角的意识形态批判理论具有深远的影响和意义，对世界的文化发展甚至对当代中国精神文明建设都具有重要的借鉴意义。国内有学者已经运用弗洛姆的学说剖析我国现阶段人们的现实心灵状况，以期在与中国传统思想的碰撞中，解救浮躁社会里已经失落的灵魂。①

（一）现代人逃避自由的心理机制及其形成过程

人从自然界分离出来以后如何逐渐地失去了"自由"，是弗洛姆首先探讨的问题。弗洛姆认为，人本身就是自然界不可分割的一部分，但人又在发展过程中不断地超越自然，这表现为人的个体化进程。在中世纪以前，人与自然以及人与人之间的关系是自然和谐的，那时候的人感到安全但不自由。中世纪以后，随着西方现代化进程（本质上是一个个体化和理性化进程）的推进，尤其是文艺复兴和宗教改革以来，传统社会稳定的秩序、狭小的生存环境和不变的社会地位逐渐被打破，人们过去在传统社会的那种天然的安全感消失。所以，现代人虽然获得了更多的自由，却越来越感到孤单无依和惶恐不安。现代人在这样的生存环境下，开始害怕自由，怀念过去的安全感。于是，现代人便幻想自己依然能被外界所淹没，而不会感到孤独和无助。②

一言以蔽之，资本主义的胜利给现代人带来了理性和独立自由，但同时又使人失去原初的安全感，使人感到孤独和惶恐。出于对这种孤独的恐惧，人们纷纷选择"逃避自由"。

（二）法西斯主义意识形态批判

德国法西斯主义为什么会兴起？广大无产阶级为什么会支持极权主义

---

① 尹立：《精神分析与佛学的比较研究》，巴蜀书社，2003，第5页。
② 〔德〕埃里希·弗洛姆：《逃避自由》，陈学明译，工人出版社，1987，第6~7页。

纳粹政党的活动？这些问题促使西方学者致力于研究法西斯主义兴起背后的社会原因和人的心理原因。1932 年，马克思的《1844 年经济学哲学手稿》首次全文公开出版，其中阐发的异化理论和人道主义思想引起了西方思想界的震动。存在主义的马克思主义代表人物威尔海姆·赖希随即出版了他的著作《法西斯主义的群众心理学》（1933）。在该书中，赖希运用他的性格结构批判理论和性革命理论分析了当时德国大众的心理结构和心理趋势，从心理学的角度解释了法西斯主义在德国兴盛起来的缘由。

饱尝法西斯主义之苦的法兰克福学派中的霍克海默、马尔库塞、阿多诺、弗洛姆等人同样整合心理分析对法西斯主义展开了批判。同属于存在主义的马克思主义和法兰克福学派的马尔库塞和弗洛姆都形成了自己的性格结构批判理论，其中弗洛姆的分析更为引人注目。

弗洛姆认为，现代人之所以逃避自由，是由三种最具代表性的心理特征（或者机制）造成的。其中，具有集权主义心理特征的人，同时集合了受虐狂和施虐狂两种心理和性格。受虐狂天生感到自卑、软弱和无力，不愿独立承担责任，喜欢依赖自身以外的他人或组织，这样才能消除他们内心的空虚和孤独。而施虐狂则刚好相反，他们喜欢别人依赖自己，把他人视作玩物，在给他人造成痛苦和"对他人的绝对统治中取乐"。施虐狂表面上强大，但其实内心也是孤独和空虚的，他们同样无法忍受独立自由带来的孤独感，只有在控制他人、虐待他人的行为中才能找到和增强自身的力量。总之，受虐狂和施虐狂是完全共生的关系，有着共同的心理机制，都是为了消除内心的孤独感和无力感而选择逃避自由。德国法西斯主义意识形态正在于驱使这种强化了的性格特征而为德国的帝国主义扩张寻找支持的力量。德国的中下阶层由于受到垄断资本和通货膨胀的巨大冲击，在经济变革中产生出一种无力感和渺小感，加之第一次世界大战失败后德国人心生挫败感，他们的受虐狂和施虐狂冲动以及一战失败后内心淤积的破坏欲望得到强化。弗洛姆认为，在德国有很大数量的工人具有极权主义性格特征，他们崇拜现存世界的权力偶像，渴望权威带给自己的安全感觉。[①] 社会上大多数人的这种无力感和与之伴随的破坏欲望，使他们寻找到了他们

---

① 〔德〕埃里希·弗洛姆：《逃避自由》，陈学明译，工人出版社，1987，第 361~362 页。

的代理人——希特勒。因为，作为他们可以完全交付自身的强大权威，希特勒身上充分体现着受虐狂和施虐狂共生的极权主义性格特质。因此，弗洛姆认为，正是在这样的性格结构和社会经济条件下，德国法西斯主义的兴起成为必然。

弗洛姆更多地探讨了德国法西斯主义兴起的社会心理根源，较少分析当时的政治和经济制度的变革、资本主义社会的根本性质等。如果我们用马克思主义原理来分析，不难得出德国法西斯主义兴起的根本原因在于：资本主义发展进入垄断资本主义阶段以后，各个帝国主义国家间的经济和政治发展不平衡，促使德国的资产阶级企图通过强化国家机器、发动法西斯主义侵略战争来转移国内矛盾，维护和扩充德国资产阶级在世界范围内的利益。由此可见，弗洛姆的社会心理学分析与马克思主义的政治经济学批判是有区别的。

（三）健全的人与健全的社会：弗洛姆的人道主义构想

弗洛姆在分析现代人逃避自由的这种"消极的自由"的同时，也指出克服人的自由危机的另一条道路，那就是争取"积极的自由"，即实现自我的自由，它通过人的自发性的活动（创制性的爱和工作）来获得，当然还需要一定的社会条件的配合，比如政治上实现高度的民主，经济上用计划经济替代社会的不合理性和无计划性。

弗洛姆在《健全的社会》（1955）一书中，进一步揭示了当代资本主义社会的病症和在20世纪条件下异化的深化和普遍化问题，比如人与人的关系异化、人与自己本身的关系异化、科学和技术异化、消费异化、民主选举中人们意愿表达方面也存在异化，等等。在弗洛姆看来，现代西方人在享有言论自由时并不是享有完全的自由而要受公共舆论（大多含有资本主义的意识形态）所左右，同样，选举自由也没有完全表达人民的意志，常常受到政治宣传的哄骗，被金钱所操控。

接着，弗洛姆提出了他的人道主义社会（健全的人和健全的社会）的构想。在他所描绘的理想社会中，一切以人为尺度来构造。这样的社会消除了人的全面异化，实现了人的全面发展，确立了人的自主地位，建立起了爱的王国。在弗洛姆看来，人道化的社会是一种新的各方面都能充分体现和保障人性发展的社会。① 因此，弗洛姆主张对资本主义社会进行多方面的总体性的变革。

总的来说，弗洛姆所设计的人道主义道路，是一条不折不扣的、仁慈的资本主义改良的道路，因为在他的观点中基本上看不到革命暴力和革命战争，也没有无产阶级专政和人民民主专政，更不会触及资本主义的社会制度和生产方式的变革。

在弗洛姆看来，人的需求和社会满足程度之间的矛盾运动，影响着时代的变迁、社会的更迭。也就是说，在社会历史发展的过程中，起决定作用的因素是人性的需求。所以，弗洛姆的观点呈现出一种抽象的人道主义历史观，他的哲学是立足于生活实践的人本主义唯物主义，显然没有抓住问题的关键。

本章小结

以社会批判理论闻名的法兰克福学派，是西方人本主义马克思主义的主要流派之一，也是 20 世纪最大的马克思主义流派，其代表人物众多，著述颇丰，所涉猎的领域也十分广泛。面对当代西方社会更加严重且隐蔽的异化现象，一群具有社会良知的社会科学家、哲学家和文化批评家集聚德国法兰克福大学的"社会研究中心"，他们不满足于对资本主义社会进行经济学和历史学的实证性分析，主张对整个资本主义社会进行全方位的文化意识形态批判。通过借鉴吸收马克思的异化思想和存在主义、弗洛伊德精神分析学说的许多观点，法兰克福学派对当代资本主义社会开展了卓有成效的跨学科综合研究，发现、提出和阐述了一系列新的理论课题，形成了一种包括大众文化批判、科技理性批判以及社会心理学分析在内的意义深远的意识形态批判理论，对当今中国经济建设和文化发展具有十分重要的启示价值。

作为法兰克福学派的第一代掌门人，霍克海默奠定了"批判理论"② 的

---

① 张伟：《弗洛姆思想研究》，重庆出版社，1996，第 151~152 页。
② 根据霍克海默 1937 年发表的《传统理论与批判理论》，传统理论主要是指那些具有实证主义理论倾向的西方近现代哲学理论，批判理论不仅是对马克思主义批判精神的继承和发展，而且其主要的创新点在于通过综合哲学、社会学、经济学、心理学等各种学科资源对当代社会现实进行一种总体性的批判。

基本理论框架、研究方向和价值立场，其主要目标是以哲学的总体性来批判西方发达工业社会日趋一体化的状况，维护现代人的自由和尊严，促进人类的最终解放。在霍克海默和阿多诺合著的《启蒙辩证法——哲学断片》(1947) 中，作者对"启蒙辩证法"展开了激烈批判，揭示出以理性和技术为核心、以人的自由和对自然的统治权为宗旨的启蒙辩证法最终走向了自己的反面，走向了启蒙的"自我摧毁"，由以祛除神话为己任逐渐退化为使自身变成一种新的神话。以此为基础，霍克海默和阿多诺进一步对现代社会大众文化、技术理性的意识形态操控问题展开了系统的分析和批判。他们对现代社会病症的诊断及提出的方案，使法兰克福学派的批判理论愈发成熟。

通常情况下，法兰克福学派习惯于用"文化工业"这一概念来展开对大众文化的批判。在《启蒙辩证法——哲学断片》中，霍克海默和阿多诺专门写了《文化工业：作为大众欺骗的启蒙》这篇文章，除了对启蒙精神的批判外，还集中探讨了电影、文学、艺术等大众文化形式所具有的"文化工业"性质，强调大众文化的异化特征和消极功能：商品化、标准化、齐一化的大众文化，呈现强制性和欺骗性的特征，它让人满足于平庸的文化消费产品，使人陷入一种虚假的状态，令人丧失了否定和反抗的意识从而认同现实社会，最终起到了维护现存制度的作用。阿多诺还对以爵士乐为代表的流行音乐和流行文化展开了激烈批判，他以非同一性的"否定的辩证法"去反思"文化工业"背后的心理操控机制，或者说用一种"崩溃的逻辑"去暴露现代社会的"文化危机"。很显然，阿多诺等人的"文化工业论"具有明显的文化救赎主义色彩，企图用文化、艺术的批判力量去唤醒社会民众的革命意识，而且还有较为强烈的"精英主义"文化立场，追捧"精英文化"而贬斥"低级文化"。这是阿多诺等人理论的缺陷，也是遭人诟病的地方。但是在商业化逻辑已经走向全球化的今天，面对大众文化的现状及其社会效应，重新审视他们的大众文化批判理论，会发现其仍然具有现实价值。第一，应具有一种高度的文化自觉意识。当今社会的发展变化使得对文化问题的讨论更加激烈，这从 20 世纪下半叶以来西方学术界出现的"文化转向"可以得到直接证明。第二，应推动文化事业全面繁荣和文化产业快速发展。在建设社会主义文化强国的同时，把握好文化的意识形态属性和产业属性以及社会效益和经济效益的关系，始终坚持社会主义先进文化前进方向，推动文化事业全面繁荣、文化产业快速发展，不断丰富人民的精神世界、增强人民的精神力量。[①] 第三，应坚持以人民为中心的文化创作导向。人民是历史的创造者，人民的需要是文艺存在的根本价值所在。因此，"坚持为人民服务、为社会主义服务"是党对文艺战线提出的一项基本要求，当代中国的文艺工作者应站稳人民立场，为人民抒写、为人民创作，多创作出展现时代精神的优秀作品和文艺精品。

从某种意义上说，技术理性批判与大众文化批判可以看作法兰克福学派"启蒙辩证法"批判的一体两面，大众文化批判是技术理性批判在文学艺术领域的延伸和扩展。古希腊理性主义传统与文艺复兴的人本精神及现代科学技术相结合而形成的技术理性主义，是工业文明的主导性文化精神，也是西方人的精神支柱之一。法兰克福学派的科技意识形态批判理论（包括霍克海默和阿多诺的"启蒙辩证法"、马尔库塞的"单向度的人"、哈贝马斯的"作为意识形态的技术和科学"），意在对技术世界中人的文化困境进行剖析。无论是培根的"知识就是力量"，还是笛卡尔的"给我物质和运动，我将为你们构造出宇宙来"，抑或是康德的"人为自然立法"，都相信理性万能、理性至上、理性和技术是人的本质力量的确证。这种乐观主义的信念，使得功利色彩浓厚的工具理性或技术理性一路高歌猛进，科学技术在给人类带来了巨大的物质财富的同时，也逐渐地走向了异化，开始成为独立的制约人的统治力量，给现代社会带来环境恶化、生态破坏等人类生存难题和文化困境。这就是法兰克福学派的技术理性批判的总体思路，尽管有些偏激和悲观，甚至有将意识形态批判的矛头对准科学技术本身的理论局限性，但其对这一问题的理性思考同样具有深刻的启示意义。第一，加强科技基础能力建设。科学技术变革促进人类社会快速发展，当今世界正经历百年未有之大变局，加强科技基础能力建设是新时代实现我国高水平科技自立自强、加快建设世界科技强国的必然要求，也是抢抓新一轮科技革命和产业变革战略机遇的重要举措。第二，加快实现高水平科技自立自强。按照党的二十大报告的战略部署，坚持党对科技工作的全面领导，坚持创新在我国现代化建设全局中的核心地位，加强基础研究，深化科技体制改革，强化国家战略科技力量，构建体系化全局化科技发展新格局，

---

① 参见《习近平关于社会主义文化建设论述摘编》，中央文献出版社，2017，第185页。

坚决打赢关键核心技术攻坚战。① 第三，强化企业科技创新主体地位。在当今社会化生产经营模式下，企业是创新要素配置的主体。强化企业科技创新主体地位，发挥科技型骨干企业引领支撑作用，营造有利于中小型科技企业成长的良好环境，推动创新链、产业链、资金链和人才链的深度融合等，是实现我国经济高质量发展的必然要求。

弗洛姆既是法兰克福学派的重要成员，也是弗洛伊德主义马克思主义的重要理论家，他一生的研究涉及哲学、伦理学、社会学和社会心理学等多个领域。弗洛姆社会心理学维度的意识形态批判，综合了弗洛伊德主义和马克思主义的理论资源，直面现代社会的种种矛盾和现代人的生存困境，目的是从人性的视角寻求一条能够彻底消除现代人的异化的道路。因为，在极其发达的现代社会，现代人身陷人性异化而难以自拔，不知道什么是真正的人性需要；在物质丰裕的消费社会，现代人面对物欲横流、价值迷失、个性泯灭、道德沦丧等社会状况而产生了比较普遍的精神健康问题。基于此，弗洛姆用整合主义人性论对现代社会进行了批判，并且提出了构建"人道主义的社会主义"的社会变革设想。弗洛姆社会心理学意识形态批判理论，为经济快速发展、社会急剧转型的当今中国提供了内容丰富且合乎时宜的思想理论资源。第一，在坚持"两个结合"中大力推进中华民族现代文明建设。实现中华民族伟大复兴，是近代以来中国人孜孜以求的目标，文化或者文明复兴是民族复兴的重要维度。中国共产党人始终坚持马克思主义基本原理同中国具体实际、同中华优秀传统文化相结合，不断开辟马克思主义中国化时代化新境界，正着力建设包括经济、政治、精神、社会和生态文明在内的全方位的整体协调的中华民族现代文明。第二，在推进中国式现代化中努力实现人民精神生活共同富裕。正如弗洛姆等人所揭示的，西方现代社会在技术理性或工具理性一路高歌猛进，创造巨大物质财富的同时，也产生了深刻的文化危机和严重的人性问题。作为对西方式现代化的超越，中国式现代化是全体人民共同富裕的现代化，是物质文明和精神文明相协调的现代化，"物质富足、精神富有是社会主义现代化的

---

① 参见习近平《高举中国特色社会主义伟大旗帜 为全面建设社会主义现代化国家而团结奋斗——在中国共产党第二十次全国代表大会上的报告》，人民出版社，2022，第35页。

根本要求"。① 因此，我们一方面要大力发展生产力，夯实人民幸福生活的物质条件，另一方面要大力发展社会主义先进文化，满足广大人民群众的精神文化生活需要，以促进物的全面丰富和人的全面发展。第三，在发展社会主义市场经济中切实践行马克思主义劳动伦理。中国式现代化以人本逻辑代替资本逻辑，其核心在于人的现代化。发展社会主义市场经济，必须坚持以人民为中心的发展思想，自觉地贯彻马克思主义劳动伦理，用科学的管理方法、和谐的劳动关系、完善的法治体系保障劳动群众合法权益，在现实的劳动实践中促进人的自由而全面发展。

---

① 《中国共产党第二十次全国代表大会文件汇编》，人民出版社，2022，第 19 页。

第四章 列斐伏尔的日常生活领域意识形态批判理论

第二次世界大战以后，当代资本主义对普通民众的意识形态操控与过去有了很大差异：它不再局限于文化、教育和宗教等传统的领域，而是扩展到生产和消费等一切领域，尤其是日常生活领域。统治阶级通过操控日常生活中的生产和消费，进而更隐秘地控制着人们的精神、文化和心理。因此，以列斐伏尔为代表的一批西方马克思主义者，开拓了对以微观主体为主的日常生活领域的意识形态批判，其目的是揭示意识形态神秘化的日常生活基础，彰显日常生活的本意，使人们能摆脱在日常生活中被资本主义意识形态所控制的困局。

第一节 日常生活的异化批判

法国"存在主义的马克思主义"的代表人物亨利·列斐伏尔一生致力于日常生活领域的意识形态批判，他对这方面的持续关注，使他成为20世纪蔚为壮观的日常生活批判哲学转向的奠基者。

一 日常生活批判：20世纪哲学的主题

在西方现代哲学史上，18世纪西方哲学的主题是弘扬自然理性，19世纪的哲学主题是追寻历史真相，而20世纪的哲学主题则由历史理性转变成了生活的语言。哲学的语言转向引起语言对生活的控制，哲学家们也纷纷关注到了被忽视的日常生活世界。

在某种意义上，对资本主义商品拜物教进行批判的马克思可以被看作日常生活批判理论的先行者。马克思把资本主义社会看作一个特大的日常生活世界，然而马克思对商品拜物教的批判只是从哲学本体论的角度表达了对资本主义社会现象的一种反思和批判。实际上，真正的日常生活批判是从 20 世纪的西方哲学中开始发展起来的。

德国的埃德蒙德·胡塞尔（Edmund Husserl，1859-1938）是最早关注到日常生活的哲学家。1935 年 7 月，76 岁的胡塞尔受奥地利文化协会的邀请，在维也纳作了题为《欧洲人文危机中的哲学》的著名演讲，他指出，人们过分依恋实证主义科学理论而忽视了自己生存于其中的日常生活世界。因此，近代自然科学的发展造成了欧洲人的人性危机，而走出危机的唯一办法就是重新回归被遗忘的日常生活世界。在胡塞尔看来，日常生活世界较之于科学世界，更具有优先性，因为，作为一切科学的前提和基础，日常生活世界更加直观和具体，所有关于世界的意义和价值的界定都是在日常生活世界中形成的，包括科学世界也是如此。

在胡塞尔的影响下，马丁·海德格尔（Martin Heidegger，1889-1976）在其《存在与时间》（1927）等著作中，通过把以黑格尔为代表的德国历史哲学传统激进化为当下个体的生存时间意识哲学，把"日常生活"变成了本真的内在具体的基础存在论。

西方马克思主义的早期代表人物卢卡奇（也译作卢卡契）也研究过日常生活，他把日常生活世界比喻成一条长河，认为科学、艺术等更高的对象化形式都是从这条长河中分化出来的。[①] 在卢卡奇那里，日常生活也具有了哲学本体论的意义，它不仅是社会生产生活和个体之间关系的中介，同时也是经济基础和观念上层建筑之间的中介，意识形态只有通过日常生活世界才能影响到个人。可见，日常生活对意识形态及其功能发挥具有重要的意义。

东欧新马克思主义者阿格妮丝·赫勒（Agnes Heller，1929-2019）与她的老师卢卡奇一样，也非常注重日常生活批判。她曾指出，日常生活中个人自身的发展和再生产是推动社会进步和发展的基础和前提，日常生活世界对个体和社会的发展都非常重要。[②] 在赫勒看来，日常生活是个体创造力和社会进步的动力和基础，日常生活批判的宗旨就是使日常生活人道化。因此，赫勒认为，除了宏观的激进民主之外，日常生活中的人道化现实，

---

① 〔匈〕卢卡契：《审美特性》，徐恒醇译，中国社会科学出版社，1986，第 1~2 页。
② Agnes Helle, *Everyday Life*, London and New York：Routledge and Kegan Paul, p. 3.

也是建立公正、人道和民主的社会之重要的微观因素。

东欧新马克思主义另外一名杰出代表、捷克斯洛伐克著名哲学家卡莱尔·科西克（Karel Kosík，1926-2003）同样也主张日常生活批判。科西克认为，随着资本主义市场经济体制的高度发展，日常生活产生了异化，而要超越异化的日常生活，只有在现实的世界中追求真理和实现人类个体的真正发展。① 可以说，科西克日常生活批判是把马克思与海德格尔的观点综合起来了。

然而，在20世纪日常生活批判领域最具影响力的哲学家，却是法国哲学家列斐伏尔，他把日常生活批判简化成了消费资本主义批判，开展了日常生活领域的意识形态批判。

二 日常生活的全面异化

列斐伏尔延续了马克思和西方马克思主义的异化理论，提出了日常生活的全面异化理论。列斐伏尔敏锐察觉到，随着资本主义的发展，马克思分析批判的经济和政治领域的异化现象，现在已经蔓延到社会的各个方面，尤其是个人存在的日常生活世界，已经全面异化了。

列斐伏尔从人本主义视角出发，对马克思的异化理论进行了讨论。他认为，异化理论是马克思主义人本哲学和人道主义的根基，在马克思主义理论中占有重要的地位，它直接关切人类的生活状态。

列斐伏尔还严厉批评了斯大林主义的教条主义和苏联社会主义思想家对异化的视而不见。在苏联社会主义时期，斯大林主义的教条主义者认为异化只存在于资本主义社会，苏联是社会主义国家而不是资本主义国家，因此不存在异化现象。为此，列斐伏尔针锋相对地指出，按照马克思的观点，异化现象并不是资本主义社会的独有现象，即使社会主义革命成功了，在实现共产主义社会之前的很长一段过渡时期，社会上同样存在劳动和分工，同样的，异化及其现象还将存在，并且在这段时期，异化不仅存在着，而且还有可能出现新的形式。② 总之，列斐伏尔认为，在共产主义社会真正

---

① 〔捷克〕卡莱尔·科西克：《具体的辩证法——关于人与世界问题的研究》，傅小平译，社会科学文献出版社，1989，第9页。

② Henri Lefebvre, *Critique of Everyday Life*, trans. by John Moore, London：Verso, 1991, p. 63.

实现以前，异化现象仍然存在，它从过去只存在于政治和经济领域扩充到了日常生活世界的方方面面，尤其是文化和意识形态领域的异化更加突出。正因如此，揭露日常生活领域出现的全面异化现象便成了列斐伏尔终其一生的研究方向。其中，对学术界影响最大的，就是他基于日常生活领域对当代资本主义社会开展的意识形态批判。

三　"个人的"意识形态批判

列斐伏尔还关注到日常生活批判中所谓"个人的"意识（即私人意识）的虚假性问题。按照马克思主义的观点，人的本质是社会关系的总和，个人只有在与他人或集体的相互关系中才能获得意义。然而，在资本主义社会中，个人生活与其所处的社会关系和社会条件相分离，从而导致个人产生一种封闭的、孤独的、异化的生活幻觉。也就是说，在资本主义社会，个人与集体或社会越来越分裂，人类的共同生活也被破坏了。

在列斐伏尔看来，正是异化了的现实生活产生了这种虚幻的私人的意识，使得日常生活意识变得越来越神秘化，造成了欧洲无产阶级革命的受挫和法西斯主义在欧洲的兴起。也就是说，在资本主义社会，正是个人主义和民族主义这两种神秘化意识使人们无条件地服从纳粹的控制，掩蔽了人们真实的日常生存状况，使人们没有了自己的主动意识。因此，这种私人的意识是一种抽象的意识形态，需要在日常生活的批判中来揭穿它独立的虚假的外观，才能使日常生活返回本真状态。列斐伏尔认为，"日常生活包括政治生活：公共意识，隶属于社会和国家的意识，阶级意识。借助于行政管理与官僚机构而介入了国家与国家的永恒矛盾"。① 因此，在列斐伏尔的日常生活批判中，包含着对"个人的"的意识形态批判和对政治生活的意识形态批判两个方面。早期的列斐伏尔，侧重于第一个方面。

这一时期的列斐伏尔认为，日常生活拥有着复杂的多重面孔，既包含个人被压迫、被麻痹的因素，同时也蕴含着革命和解放的可能性。为了使社会中的个人与其自身相统一，使个性与社会性相一致，使人成为自由的人、总体的人，在现时期，日常生活异化批判显得非常必要。

---

① Henri Lefebvre, *Critique of Everyday Life*, trans. by John Moore, London: Verso, 1991, p. 92.

第二节　消费被组织化社会的意识形态批判

依据国内外学者的观点，一般把列斐伏尔的思想分为早期和中后期两个阶段。以《日常生活批判》（1947）为代表作的早期列斐伏尔侧重于从一般意义上对日常生活进行哲学批驳，对问题的看法相对乐观，认为日常生活世界既包含压抑也暗藏进行总体性革命和解放的力量。而到了中后期，尤其是 1968 年写作《现代世界中的日常生活》以后，列斐伏尔关于日常生活的认识进一步细致和社会学化，他相较之前变得悲观了许多，这一时期他侧重于对资本主义社会中的消费被控制现象进行意识形态批判。

一　现代社会成了消费异化的社会

列斐伏尔意识到，在垄断资本主义取代自由竞争的资本主义后，随着上层建筑和经济基础的相互渗透，当代资本主义社会的异化更加严重，意识形态起作用的方式也发生了改变。

列斐伏尔认为，虽然资本主义生产力的高度发展使人们的物质需求得到了满足，但人的本性并没有得到释放。相反，在当代资本主义社会，囿于资产阶级的阶级统治，人们在家庭、婚姻和日常生活的各个领域都感到非常压抑。过去人们受到的压迫可能主要集中在经济和政治领域，但是现在人们不仅在经济和政治方面，还在文化层面和意识形态领域受到压迫，尤其是消费方面的异化使得整个资本主义社会演变成了"消费被控制的科层制社会"（The Bureaucratie Society of Controlled Consumption/ciete bureaucratique de consommation dirigee）[1]，而不是一个真正自由和富足的社会。

总之，在列斐伏尔看来，当代资本主义社会的异化现象更为严重，异化形式和异化领域也发生了改变：由马克思时代以生产为中心的异化转变为了现在以日常生活为中心的全面异化。[2] 消费的被组织化和被操控现象表

---

[1]　Henri Lefebvre, *Everyday Life in the Modern World*, London：Transaction Publishers, 1971, p.56. 转引自张一兵主编《当代国外马克思主义哲学思潮》（上卷），江苏人民出版社，2012，第294 页。

[2]　Mark Poster, *Existential Marxism in Postwar-France: From Satre to Althusser*, Princeton：Princeton University Press, 1975, pp.246-247.

明，现代社会的异化形式发生了改变，成了消费异化的社会。

二　现代社会的主要现象特征

列斐伏尔根据资本主义社会的上述特点，于20世纪中期首次把发达资本主义社会称为"消费社会"，并提出，资本主义社会的消费是被组织化、被操控的异化消费。根据列斐伏尔的细致观察和概括，现代社会尤其在日常生活领域的主要现象特征有以下几个。

（一）日常生活的碎片化与神秘化

传统社会理论认为，社会是由政治、经济和文化体制构成的统一体。列斐伏尔指出，由于消费带来的日常生活的碎片化，日常生活世界充斥着无所不在的由符号等文化符码所构成的"次体系"，即是说现代日常生活被各式各样的流行文化和消费体系所控制，被虚假的欲望符号体系所操控。在消费社会，人们消费的对象由实体变成了符号，消费的是符号的意义。符号代替现实存在物，带给人们心理满足和幸福的幻觉。[1] 总之，在消费被操控的社会，日常生活世界变得越来越碎片化和神秘化。

（二）日常生活的欲望化

列斐伏尔认为，在消费社会，日常生活世界中人们的心理被各种欲望所操控和引导，人们不知道自己内心真正的需要，只是紧紧地跟随流行和时尚的指引，担心被流行所抛弃，害怕落后于时尚潮流。时尚通过控制日常生活而引领人们追寻时尚的潮流，[2] 现代社会通过激起人们的需要和欲望，使人们的日常生活日益欲望化。控制人们思想的不再是过去的国家政权、道德法律与宗教观念等理性意识形态，而变成了流行的消费心理与大众媒体所编织设计的时尚体系。在消费被组织化的社会，人们不是为了满足生存的需要而去消费，而是为了满足被消费主义文化所调动起来的各种欲望去消费；人们追求的是这一过程所给人带来的意义和价值。

---

[1] Henri Lefebvre, *Everyday Life in the Modern World*, London：Transaction Publishers, 1971, p. 108.

[2] Henri Lefebvre, *Everyday Life in the Modern World*, London：Transaction Publishers, 1971, p. 165.

（三） 日常生活的符号体系化

在列斐伏尔看来，现代社会俨然变成了被消费逻辑和"时尚"所引导的社会。日常生活领域变成了由各种隐性符号所构成的"次体系"充斥着的世界。现代社会中充斥着大量的符号，物品被符号所粉饰和美化，符号成了物品的所指，人们的消费行为不再同物自身而是同符号相关联。现代社会变成了一个巨大的"假装"（make-believe）世界，即一个符号脱离真实存在物，能值与所指、消费与生产发生了颠倒的世界。

（四） 消费的意识形态化

列斐伏尔认为，在现代社会中，消费对生产的替代主要体现在异化最为严重的消费领域。在这里，人们的消费动机和消费行为存在着严重异化，消费过程变成了虚幻的过程，人们被一种新的无形的意识所操控和引导，变得愈发不能自拔。[1] 换句话说，消费的异化代替了生产的异化，消费受控制的科层制社会的发展重心，也由生产转向了消费，从经济政治转向了人的文化心理需要，形成了一种消费的意识形态。在这种消费的意识形态操控下，人们甚至意识不到自身被异化的程度比过去更加严重了。不言而喻，消费异化作为一种新的形式，比过去旧的异化形式更加隐蔽了。[2]

三　符号学视域下的消费异化批判

瑞士语言学家索绪尔（Ferdinand de Saussure，1857-1913）在《普通语言学教程》中认为，语言是由能指和所指构成的符号系统，并且用"能指和所指分别代替概念和音响形象"，[3] 从而开创了现代语言学和符号学。法国思想家罗兰·巴特（Roland Barthes，1915-1980）在索绪尔关于符号、能指、所指的基础上，提出了符号学的意指关系图式并开展了社会批判，认

---

[1] Henri Lefebvre, *Everyday Life in the Modern World* , London：Transaction Publishers, 1971, p. 56.

[2] 刘怀玉：《现代性的平庸与神奇：列斐伏尔日常生活批判哲学的文本学解读》，中央编译出版社，2006，第267页。

[3] 〔瑞士〕费尔迪南·德·索绪尔：《普通语言学教程》，高名凯译，商务印书馆，1980，第101页。

为资本主义世界中的一切事物都可以被看作"神话",比如服装不仅有能穿的真实服装、摄影和绘图表达的意向服装,还有时装杂志上代表流行意向的书写服装。总之,资本主义社会正是通过神话(即各种作为意指形式的符号系统)来发挥意识形态功能并进行社会操控的。

列斐伏尔在罗兰·巴特的符号学思想影响下,指出资本主义社会的日常生活领域甚至是消费领域均出现了全面异化,现代资本主义社会变成了消费被组织化、被操控化的社会。日常生活中的时装、汽车、广告、电视等各种隐形的微观的"次体系"(类似于罗兰·巴特的"神话"),是资产阶级操控意识形态的新的方式。一言以蔽之,在现代资本主义社会中,"所有可以被消费的都变成了消费的符号",符号割裂了能指和所指的统一关系。① 显然,符号成了人们消费的对象,现实也被符号和意指取代了。

后来,列斐伏尔的学生鲍德里亚继承和发展了他的消费异化批判思想。鲍德里亚认为,在消费社会商品构成了"物体系"(即符号和意义的体系),人们消费的不是物的有用性,而是商品的符号价值,通过消费表征着自己的社会价值和身份地位。当然,鲍德里亚的符号价值批判和符号拜物教批判,显然具有了后现代主义风格。②

通过上述分析可以看出,列斐伏尔、鲍德里亚等人企图从符号学革命的角度找寻消除异化的道路,开创了西方马克思主义消费异化批判的符号学视角。国内有学者指出,列斐伏尔、鲍德里亚等人的符号学视角分析,与马尔库塞、弗洛姆等人的精神分析学视角批判,以及莱易斯、阿格尔等人的生态主义视角探析,代表西方马克思主义对当代资本主义社会消费异化批判的三种不同的路向和话语。③

第三节 意识形态批判逻辑的微观化转向

就其影响而言,列斐伏尔对日常生活异化和消费异化的批判,引起西方马克思主义意识形态批判理论发生三大逻辑转换(转向)。

---

① Henri Lefebvre, *Everyday Life in the Modern World*, London: The Athlone Press, 2000, p. 113.
② 具体见本书第六章第一节。
③ 宋德孝:《西方马克思主义消费异化批判的三个维度解析》,《创新》2015 年第 1 期。

一 微观的主体向度的逻辑转换

列斐伏尔以日常生活为中心展开的意识形态批判理论，转变了传统马克思主义以社会生产和社会结构为中心的社会批判理论的逻辑路向。意识形态批判也由宏观的整体的社会批判走向了微观的主体向度的意识形态批判。

列斐伏尔坚决反对当时盛行的经济决定论的思想倾向，认为那种机械地看待经济基础和上层建筑（即意识形态）之间关系的思想，必定会把马克思主义引向歧途。而在列斐伏尔看来，马克思哲学突破了传统形而上学和神学局限性的地方就在于理论与实践的辩证统一，这体现了思想和现实之间的本质关系。因此，列斐伏尔大胆地宣称：过去形而上的理性批判，现如今应该转变到日常生活领域，马克思和恩格斯的社会批判理论也是对日常生活真相的揭示。在某种意义上说，马克思主义哲学也是对日常生活世界的批判理论。①

列斐伏尔指出，过去的革命模式似乎只注重宏观领域的政治和经济问题，即社会解放问题，而忽略了对微观领域的日常生活的批判，即个人的解放问题。但其实在微观领域的日常生活中，掩藏和隐匿着更为深刻的意识形态。因此，现在要做的工作就是通过日常生活领域的意识形态批判，来揭示资产阶级意识形态的虚假性、操控性本质，使人们能够真正了解被隐藏的真相。列斐伏尔举了一个女顾客到商店里购买半公斤白糖的例子来说明：日常的"小事"虽小，但意义重大。表面上看，这是一件日常生活中购买商品的日常小事，这类区区小事不足挂齿，但如果我们透过单纯的表面描述去研究其中的缘由、结果、本质等，就能发现这名女顾客的生平历史、职业、家庭、生活状态、阶级、饮食习惯、意向和观念、市场情况……最后整个地抓住了资本主义的本质，分析出她所在的国家及其历史。这就是列斐伏尔所强调的日常生活批判的意义和目标所在：通过日常生活批判揭示出丰富的社会内容，把微观领域的革命转变为社会主义的整体性的革命。日常生活批判有利于促进个人解放和阶级解放，同时革命的成功

---

① Henri Lefebvre, *Critique of Everyday Life*, trans. by John Moore, London: Verso, 1991, pp. 141-142.

将进一步改善每个人的日常生活状况，促进社会制度的变革和社会的进步。

二　消费及其异化批判的逻辑转换

列斐伏尔指认当代资本主义社会为消费社会，颠覆了生产和消费的关系，用消费异化取代传统的劳动（生产）异化，强调消费的主导作用。由是，开启了西方学者逐渐向消费及其异化批判之逻辑转换。

前期的列斐伏尔将经典马克思主义劳动异化理论逻辑进行了延伸和颠倒，由过去的人本主义批判逻辑转变成为一种日常生活批判主题，通过揭穿日常生活中不断再生的意识形态的神秘化现象来实现"总体人"的理想。中后期的列斐伏尔侧重于现代性批判，将马克思的哲学基本问题由生产领域引向消费领域，在重点关注当代现实中的消费异化现象的同时，着重进行消费意识形态的符号批驳。这样，列斐伏尔将马克思对商品拜物教的批判转变为一种对社会景观与消费符号的拜物教批判。列斐伏尔的这种意识形态批判的逻辑转换对鲍德里亚等后马克思主义的意识形态批判逻辑产生了重要的影响。

正如斯蒂文·贝斯特（Steven Best）等人评价说，列斐伏尔等人对微观的日常生活世界的异化现象的揭露和批判，为的是将个人从新社会对旧社会的变革中解救出来。[①] 列斐伏尔的日常生活批判理论，就是通过对日常生活中异化现象的揭露，来开展微观领域的意识形态批判，以此唤醒人们的感性革命活动，在改造日常生活的细节中争取自由和解放。

三　日常生活批判的"空间化"转向

如上所述，列斐伏尔把传统马克思主义对资本主义经济、政治和文化等方面的宏观批判视角转换到微观的日常生活方面，重点关注社会中微弱的个体在日常生活中的生存状态，通过对已经异化了的日常生活的意识形态批判来重建一个新的、健康的日常生活世界。沿着这样的理论思路，在列斐伏尔看来，资本主义社会的一切（甚至空间和实践）都被异化了。于是，晚年的列斐伏尔开始转向对空间理论的研究，这就是把马克思的社会

---

① 〔美〕斯蒂文·贝斯特、道格拉斯·凯尔纳：《后现代理论：批判性的质疑》，张志斌译，中央编译出版社，1999，第150页。

历史辩证法转变成了一种"空间化"的辩证法研究。列斐伏尔晚年重点研究了空间及其理论，展开了对资本主义空间和时间（节奏）的双重批判。

　　空间是人类赖以生存和发展的物质条件，是人们创造精神和文化的社会环境。列斐伏尔认为，空间的发展有三个历程：一是古代农业文明和自然经济社会下的"被生产的空间"阶段，这时候人与自然的关系是"天人合一"，人们"日出而作、日落而息"，人与人之间的交往较少；二是古典资本主义的"空间中的生产"阶段，资本主义社会制度打破了传统的宁静，资产阶级通过"圈地运动"和"海外殖民"等手段，不断获得空间；三是当代资本主义的"空间的生产"阶段，这个时候大部分西方资本主义国家的经济和文化都得到了很大发展，因此，在当代资本主义社会，现代经济的规划倾向于都市设计、地域性管理等空间的规划，人类生存的自然空间被社会空间所替代了，出现了空间的自我生产。列斐伏尔指出，随着资本主义的发展，纯粹自然的空间已经消失不见了，在现代社会，自然已经融入进了资本主义生产的过程并成为生产力发展的物质基础。[①] 空间不断自我生产、不断膨胀，变成越来越复杂的体系。列斐伏尔把社会空间的结构描述为由空间的实践（spatial practice）、空间的再现（representations of space）和再现的空间（representational spaces）三个部分凝聚而成，分别代表着空间的物质性、精神性和社会性。空间的实践主要指那些发生在空间中物理的和物质的流动、转让和相互作用，比如与城市道路、工作场所、私人生活、休闲娱乐紧密相连的生产和再生产。空间的再现主要指由科学家、设计师、城市规划学家和政府官员等精英阶层通过理论抽象来构想出来的概念性、精神性空间，比如有关空间的符号、意义、代码和知识等。再现的空间主要是指有关空间的社会发明，比如教堂、广场、博物馆等人工环境，它既关联着社会生活的物质基础层面，又与艺术和想象相关，它是与人的真实生活经验相连的现实的或表现出来的、亦真亦幻的空间。

　　列斐伏尔认为，当代资本主义社会空间的生产和发展进一步加固了资本主义对日常生活的全面控制和微观统治，资本主义社会成了"全面被管制的社会"。都市规划者和政府官员们通常采取一种拆除原有贫困人口居住区而将之改造成为高层建筑社区的城市更新计划，来达到和维持其统治的

---

① 包亚明主编《现代性与空间的生产》，上海教育出版社，2003，第48页。

目的。这样，穷人的"空间的实践"被成功人士和既得利益阶层的"空间的再现"所残酷而剧烈地改变了，当代资本主义社会存在着对穷人们日常生活的诸如此类的严重的空间化控制和剥削。在当代资本主义社会，不仅主体的日常生活世界遭受到异化，而且主体还遭遇到更加深重的日常生活世界的压抑。列斐伏尔寄希望于用这种抽象的日常生活世界下面隐藏着的差异性，来反抗现代性的普遍操控机制。不难发现，列斐伏尔后期的思想尤其是空间理论有着后现代主义的影子，对戴维·哈维（David Harvey）、爱德华·索亚（Edward W. Soja）等其他的空间理论研究者的思想产生了很大的影响。

通过上述分析可以看出，列斐伏尔无论是早期的日常生活异化批判，中后期的对资本主义社会中消费异化的批判，还是晚期的空间生产及其批判，都紧紧围绕着日常生活的意识形态批判这个主题。列斐伏尔认为当代资本主义社会已经发展到了消费社会，消费领域代替生产领域成了资本主义意识形态控制的主要场所，符号化的消费体系和意识形态主导并控制着人们的日常生活世界。

我们认为，列斐伏尔将经典马克思主义以社会生产方式为主的、宏观的意识形态批判理论，转换成为西方马克思主义以日常生活为中心的、微观的意识形态批判理论，无疑是根据当代资本主义的新变化拓宽了马克思主义意识形态批判的视野，但列斐伏尔在强调日常生活批判的同时却渐渐脱离了对社会经济、政治、文化等重大问题的关注，放弃了马克思力求推翻资本主义社会制度的目标追求，列斐伏尔晚期甚至对马克思的历史辩证法进行了"后马克思式"的改造，这些显然是对马克思主义理论的偏离，有一定的局限，也存在着片面和偏激。

本章小结

法国哲学家列斐伏尔秉承20世纪初日常生活批判的哲学主题和早期西方马克思主义的技术和文化异化批判的思路，于20世纪40年代的后期率先开启了对西方社会进行日常生活异化批判的研究视域，实现了意识形态批判理论由宏观向微观的研究转向。到了20世纪六七十年代，列斐伏尔又对西方社会的空间生产、都市化以及国家等问题展开了意识形态分析，深刻地影响了哲学社会科学领域关于现代性的反思和研究。特别是他的代表作《日常生活批判》（三卷本）对法国思想界和当代西方马克思主义理论界都产生了深远的影响。

总体而言，列斐伏尔从日常生活现象入手，通过对现代社会开展具体细密的社会学研究和文化研究，建立了日常生活领域的意识形态批判理论，不仅标志着当代西方马克思主义的文化转向，而且也确实推进了马克思主义意识形态理论的深入发展。

前文已经指出，列斐伏尔的日常生活批判理论对西方世界展开了细致入微的考察，产生了广泛的实际效应，却也存在着局限和不足：他脱离经典马克思主义对资本主义社会重大政治、经济、文化问题的关注，放弃对人类社会发展宏大目标的追求，而一头扎进琐碎的、诡秘的日常生活中去遨游。这些不能不说是片面的，但列斐伏尔对日常生活意义的考证，对日常生活结构的揭示，对如何消除日常生活异化、实现日常生活人道化的探究，也非常具有启示意义，对当代中国发展具有十分重要的借鉴作用。第一，不断建设社会主义意识形态，广泛践行社会主义核心价值观。列斐伏尔日常生活批判理论揭示出，在资本逻辑操控下，"金钱至上"成为社会发展和个人奋斗的唯一目标，导致了人类社会的普遍异化，人的完整性和社会生活的完整性都已经消失不见，人类日常生活世界的道德、团结、同一性遭到了彻底的肢解。因此，在新时代新征程上，我们要坚持中国特色社会主义文化发展道路，不断建设具有强大凝聚力和引领力的社会主义意识形态，广泛践行社会主义核心价值观，努力改变、提高全社会的精神面貌和文明程度。第二，统筹推进"五位一体"总体布局，着力加强社会建设。按照马克思的社会有机体全面生产理论，人类的社会生活不仅只有物质生产这一方面，应该是包括物质生产、人类自身再生产、精神生产、社会关系再生产和人与自然关系再生产的有机统一整体。资本主义社会只是在经济上、在物质财富生产上取得了成功，却忽视了其他方面的发展。我们应牢固树立系统观念，统筹推进经济、政治、文化、社会和生态文明"五位一体"的总体布局，着重加强社会建设，促进社会和谐发展，确保人类日常生活世界的内在和谐和平衡。第三，切实关注民生，大力满足人民美好生活需要。微观和宏观其实不可分割，列斐伏尔等人日常生活领域的微观革命可看作对传统宏观革命的有益补充，所以微观革命和宏观革命相结合，对于社会主义具有重大的理论和实践意义。在已经建立社会主义制度的中国，当前中国共产党的中心任务是团结带领全国各族人民全面建成社会主义现代化强国、实现第二个百年奋斗目标，以中国式现代化全面推进中华民族伟大复兴。① 这要求我们在推动经济社会高质量发展的同时，必须切实关注民生，坚持在发展中保障和改善民生，实现居民收入增长和经济增长基本同步，劳动报酬提高与劳动生产率提高基本同步，进一步健全基本公共服务体系，扎实推进共同富裕。因为，从根本上讲，社会主义制度的优势和动力来自人民对幸福美好生活的热爱与追求，来自人民生活的真切改善，所以，使社会主义革命、建设、改革取得的成果由全体人民共享，体现在广大人民群众的日常生活之中，这不仅是坚持社会主义的重要原则，而且也是社会主义战无不胜攻无不克的根本原因，更是 21 世纪的中国日益强盛、不断走向新的辉煌之成功密码。

---

① 参见《中国共产党第二十次全国代表大会文件汇编》，人民出版社，2022，第 18 页。

第五章 阿尔都塞的结构主义范式 意识形态批判理论

路易·皮埃尔·阿尔都塞是结构主义的马克思主义的代表，他从 20 世纪中后期开始运用结构主义的方法解释经典原著，相继出版了《保卫马克思》（1965）、《读〈资本论〉》（1965）等一系列研究马克思理论的著作。阿尔都塞的思想在法国占有十分重要地位，甚至对世界上其他国家的马克思主义的传播和发展都产生了重要的影响。

阿尔都塞在研究中显然借用了他的老师加斯东·巴歇拉尔（又译为加斯东·巴什拉）（Gaston Bachelard，1884－1962）的"认识论断裂"和他的好友雅克·马丁（Jacques Martin[①]）的"总问题"（问题框架）的观点。巴歇拉尔在研究中发现，科学家研究问题时使用不断更新的思想架构促进了科学史的发展。[②] 阿尔都塞受此启发，开始用结构主义的方法研究意识形态，开拓了西方马克思主义意识形态批判的全新的视野，形成了与早期人本主义截然不同的西方科学主义的研究路向。

第一节 时代背景与方法论基础

一 马克思主义理论面临重大危机

阿尔都塞的理论创作特别是其成名作《保卫马克思》一书的写作、出

---

① 雅克·马丁的生卒年不详，身后未留下任何著作，但雅克·马丁是一位对阿尔都塞和福柯产生过重大影响的原创性思想家。参见杨乔喻《雅克·马丁在阿尔都塞文本中的寄居性存在——反同一性文本学的一项案例考察》，《学术月刊》2016 年第 11 期。

② 通过比较不难发现，加斯东·巴歇拉尔、雅克·马丁等人提出的"认识论断裂""问题框架"这些概念与托马斯·库恩的"范式"学说非常相似。

版，有着特定的历史背景。阿尔都塞之所以要起来"保卫马克思"，主要是因为在他看来马克思主义理论在当时已经面临重大危机。这种危机主要体现在：政治方面，斯大林教条主义和反斯大林运动对马克思主义产生的冲击和影响；理论方面，西方马克思主义对马克思进行人道主义片面解读，以及科学主义马克思主义与人道主义马克思主义的论争。正是在这样的实践与历史的迷障中，阿尔都塞着手理论探究，其目的是维护马克思主义的科学本质。

（一）斯大林教条主义及反斯大林运动对马克思主义的冲击

第二次世界大战以后，欧洲的工人运动再次转入谷底，斯大林的教条主义对法共产生了严重的影响，哲学被降低为与政治等同。阿尔都塞发现，这个时期的哲学家研究的内容与哲学无关，而是与政治有关，一切事物都被阶级划分法归类为不同的阶级事物进行研究。[①] 政治意识成为一切阶级划分的依据，"要么是无产阶级，要么是资产阶级；要么革命，要么反动"。[②] 哲学家的研究没了自己独立的自由，有的人为了政治需要去研究哲学，有的人为了人们能听得懂他们的学术观点而将马克思主义理论进行断章取义式解读或者偷梁换柱。一言蔽之，马克思主义理论存在着被误解的风险，斯大林教条主义对马克思主义哲学产生了严重的影响和危害。

而苏共二十大上，赫鲁晓夫的秘密报告揭露了斯大林当政时期的"种种暴行"，于是，斯大林由一位伟大的无产阶级领袖一夜之间变成了"法西斯主义式的暴君"。因此，在苏共二十大之后，世界范围内对社会主义的信念随之动摇，出现了反斯大林运动，一些地区甚至出现反共反社会主义浪潮。

在这样的时代背景下，一些人误以为是斯大林的错误造成了国际共产主义运动的失败，斯大林教条主义是对马克思人学思想的曲解，造成了人性被践踏，现在的首要工作就是恢复被斯大林教条主义所泯灭的马克思主义人学本质和逻辑。[③] 于是，在西方学术界，越来越多的人坚持从人道主义角度去理解马克思主义，这又走向了反面和另一个极端。

---

① 〔法〕阿尔都塞：《保卫马克思》，顾良译，商务印书馆，2006，第2页。
② 〔法〕阿尔都塞：《保卫马克思》，顾良译，商务印书馆，2006，第9页。
③ 张一兵：《问题式、症候阅读与意识形态：关于阿尔都塞的一种文本学解读》，中央编译出版社，2003，第4页。

（二）西方学者对马克思学说的人道化解读

阿尔都塞认为，如果追本溯源的话，正是西方马克思主义创始人卢卡奇、柯尔施、葛兰西等人最早举起了马克思主义人道主义的旗帜。在《历史与阶级意识》中，卢卡奇率先强调了作为实践主体的人的主观意识在历史运动中起着重要的能动作用，并提出了"物化""物化意识"等概念开启对马克思基本理论的解读。

当然，这也与西方马克思主义者研读马克思早期著作密切相关。1932年，马克思研究经济学哲学的遗著公开出版，引起了西方学者的广泛兴趣，他们不约而同地将《1844年经济学哲学手稿》作为其理解全部马克思著作和思想的"钥匙"，认为应该将马克思早期在《1844年经济学哲学手稿》中关于人的思想作为马克思的全部理论"精粹"，他们要做的只是用新黑格尔主义、新弗洛伊德主义、存在主义等思想去"填补"马克思主义的"人学空场"。于是，这种人道主义马克思主义迅速成为当时欧洲共产主义运动中一种主要的思潮。

前文已经具体分析了早期西方马克思主义者和法兰克福学派的意识形态批判理论，现在我们以萨特为例来补充说明存在主义的马克思主义是如何基于"个人主体"开展对马克思学说的人本主义解读的。

1. 用存在主义的"个人"补充马克思主义

毫无疑问，在20世纪中期的法国，存在主义哲学具有十分重要的影响，甚至连马克思主义也只能通过与存在主义相结合的方法才在法国理论界真正地流行了起来。最终，存在主义的马克思主义和各种人道主义成了最为时兴的理论话语。

让-保罗·萨特（Jean-Paul Sartre，1905~1980）早期研究现象学，后来把存在主义看作一种人道主义哲学，强调人的自由和存在先于人的本质。萨特早期一直对马克思主义的唯物主义持批判的态度而远离马克思主义，直到创作《共产党人与和平》（1952）、《辩证理性批判》（1960）时，萨特才正式将存在主义的自由理论和马克思主义的历史理论结合起来，通过填补马克思主义的"人学空场"从而建立起了存在主义的马克思主义理论体系，将之转变为主张建立一种以个人的具体活动或个人的实践为基础的历史人学。

在《辩证理性批判》中，萨特用马克思主义"改造"和"补充"存在主义，如他提出动态—实践的分析方法，更重要的是，萨特指出了当代马克思主义（主要指苏联的哲学教科书式的马克思主义）的缺陷：存在着"人学的空场"，即对个体的存在价值的漠视，造成了当代马克思主义陷入"停滞"不前。萨特认为马克思自己从未忽略过个体的价值，相反，马克思在研究人类实践活动时侧重研究了"具体的人"。[①]然而在萨特看来，当代马克思主义却在强调社会历史进程的必然性时，忽略了人的主体价值，使辩证法变成了仅仅关心客体的理论体系。因此，萨特认为有必要用存在主义理论去弥补当代马克思主义的理论不足。

萨特认为，存在主义和马克思主义两种学说都具有各自不可替代的理论优势，具有互补性。[②]马克思的历史唯物主义理论以人类实践活动为基础，具有深厚的历史感和现实感，且在人类历史的总体演进上有深刻的把握；而存在主义强调弘扬个体的自由和价值，重视对于个体具体的现实的把握。因此，在萨特看来，最好的办法就是将两者结合起来以实现优势互补。

2. 从"阶级主体"到"个人主体"

萨特认为当代马克思主义的主要缺陷是对个体的忽视，所以，他始终强调的是具体的"个人主体"。总体而言，萨特把辩证法严格限定在社会历史领域内，[③]把个人看作辩证法的真正源泉和出发点的做法，开启了由经典马克思主义和早期西方马克思主义者强调"阶级主体"到存在主义的马克思主义等流派更加强调"个人主体"的理论转向。

众所周知，马克思、恩格斯认为，意识形态的背后深藏着统治阶级的整体利益倾向和阶级意志，在资本主义社会要彻底超越资产阶级的意识形态，就必须要通过无产阶级革命和实践去彻底消灭产生资产阶级意识形态的社会现实。后来，卢卡奇等人坚持了马克思、恩格斯的意识形态总体性批判思路，强调无产阶级的阶级意识的重要作用。

然而，存在主义的马克思主义者萨特则更强调阶级中的个人的主体性。

---

① 〔法〕萨特：《辩证理性批判》（上卷），林骧华、徐和瑾、陈伟丰译，安徽文艺出版社，1998，第15~16页。

② 〔法〕萨特：《辩证理性批判》（上卷），林骧华、徐和瑾、陈伟丰译，安徽文艺出版社，1998，第21页。

③ 比如萨特也同样反对恩格斯的自然辩证法，在这一点上延续了卢卡奇等人的思想。

在萨特看来，阶级运动中的个人并没有自己的意识的主动性和自觉性，也不知道自己行动的目的。这一看法与卢卡奇等人强调阶级意识的观点刚好相反。在萨特眼里，作为所谓的阶级主体的无产阶级的社会革命已经变得不合时宜，历史真正的主体现在变成了个人，因为只有真正的个人力量及其总体化进程才能推动历史的发展。萨特的这些观点显然偏离了卢卡奇等人的总体性革命路线。

而且，萨特在分析中特别强调个体主体的作用，代表的是小资产阶级知识分子从个体的人出发的人本主义的理论追求和利益诉求，这终究只是他们自己的一厢情愿，在社会革命领域显示了强烈的无政府主义色彩。因为根据马克思主义理论，任何"个人主体"的解放只能是在"阶级主体"得到解放的基础之上才能真正实现的。

总之，以萨特为代表的存在主义的马克思主义是另一个把马克思主义人本主义化的重要思想流派，他们的观点引起了阿尔都塞的强烈不满，阿尔都塞的"理论反人道主义"观点就主要是针对萨特的存在主义和其他派别的人本主义思潮而提出来的。

二 科学主义马克思主义思潮的兴起

自20世纪中叶开始，在西方马克思主义内部出现了一股与人道主义马克思主义相对立的"科学主义马克思主义"思潮，意大利的加尔瓦诺·德拉-沃尔佩（Galvano Della-Volpe，1895—1968）、法国的阿尔都塞等人就是这股思潮的代表。其中，阿尔都塞的结构主义马克思主义是最具影响力的科学主义马克思主义流派。

历史上，科学主义马克思主义和人本主义马克思主义，一度围绕对马克思主义的理解和马克思主义危机的产生而进行持续的争论。阿尔都塞及其他的科学主义马克思主义者普遍认为，以萨特为代表的人本主义马克思主义将马克思主义哲学降格为异化、总体性和抽象的人性等非科学的规定，使得马克思主义丧失了革命性、面临着危机。

正因为看到马克思主义面临被人道化理解的危机，阿尔都塞毅然挺身而出，决定起来保卫马克思主义学说的科学性。

三　结构主义范式的马克思主义

（一）结构主义思潮的兴起及发展

结构主义思潮起源于索绪尔的语言学，在法国具有重要的影响，列维-斯特劳斯（Claude Lévi-Strauss，1908~2009）、罗兰·巴特、米歇尔·福柯、雅克·拉康等人都是著名的结构主义理论家。

1. 索绪尔：语言学的一般原则

瑞士语言学家索绪尔认为："语言就是言语活动减去言语。"① 也就是说，语言和言语不同，前者对应着英语词语"language"，后者对应着英语词语"speech"。语言是由一系列符号构成，代表着规则；言语就是按照规则去说话。语言学不是研究所有的言语活动，它只研究那些能够成为科学对象的对象——符号及其规则。在此基础上，索绪尔进一步区分了"所指"和"能指"。他指出："意义是符号的所指（signifie/signified），是概念；印象是符号的能指（signifant/signifer），是音响形象。"②

索绪尔接着对语言结构进行了分析。他认为，语言主要体现着历时性和共时性。历时性的东西说明时间的变化和发展方面，共时性就好比用一棵树的横截面来研究它的纤维分布情况，而不像历时性研究那样关注这棵树在不同时期的成长过程。总体上，索绪尔拒绝从历史进化的角度看待语言，认为语言是一个人为的分类原则，是社会的和文化的产物，而非自然生产的文化产物。

索绪尔在语言研究方面提出的一般原则被广泛应用于美学、社会学、人类学和心理学等领域。后来，索绪尔所创立的结构主义研究方法于20世纪50年代开始在法国巴黎迅速流行起来。

2. 列维-斯特劳斯：结构主义人类学

法国哲学家、人类学家克洛德·列维-斯特劳斯将索绪尔的语言学原则和结构主义的方法运用到人类学的研究当中，开创了法国的结构主义思潮。

列维-斯特劳斯通过对社会、文化和人的整体的共时性研究，重点

---

① 〔瑞士〕费尔迪南·德·索绪尔：《普通语言学教程》，高名凯译，商务印书馆，1980，第21页。
② 赵敦华：《现代西方哲学新编》，北京大学出版社，2001，第265页。

关注了原始部落的亲族关系、图腾、神话等现象，发现在这些现象的背后体现着不同类型文化的共时性交织，原始人就是在这种差别原则下建构了自己的文化。列维－斯特劳斯通过对原始社会的亲族关系和图腾的结构分析发现，文化是高于自然的，这在人类思维的原始阶段就已经存在并起作用了。

首先，列维－斯特劳斯运用结构主义共时性的研究方法，将原始部落的亲族关系分为夫妻、兄妹、父子、舅甥四种结构要素进行分析，发现女人在部落之间的亲属关系上地位特殊，不同的部落之间通过女人为媒介联系了起来。

其次，列维－斯特劳斯在研究原始部落的图腾时发现，在原始社会有些部落将某些物品当作自己部落的专利品时，就会有其他部落将这些物品当作自己部落的图腾加以保护，目的是与那些拥有这些专利品的部落互换产品和交换信息。因此，如果将原始部落之间的交换媒介（女人、食物、信息）对应于部族间的三种关系（亲族关系、生产关系、语言关系）的话，图腾对于不同部族之间的重要性在于：图腾体现着部落之间的区别、反映着原始社会的文化结构。

再次，列维－斯特劳斯通过对古代神话的分析，认为在众多类型的神话中，也能发现一种隐藏的共通构造，基于对它的分析就可以找到神话背后所隐喻的实际含义。列维－斯特劳斯在分析古希腊神话俄狄浦斯的传说时，挑选了 11 个句段，并把这 11 个句段归纳为四个"神话素"：强调血缘关系、否定血缘关系、否认从大地起源、肯定从大地起源。① 最终印证了他之前的结论是正确的。

最后，列维－斯特劳斯对原始部落的亲族关系、图腾、神话等文化现象进行结构主义的共时性研究，得出结论：人类学和语言学的结构相通。

这样，结构主义便从语言学领域推广到了人文社会科学其他各个领域，并且流行了起来。

3. 结构主义思潮对阿尔都塞的影响

经过列维－斯特劳斯的发展，结构主义思潮在法国甚至整个欧洲迅速蔓延，成为一种蔚为壮观的人文科学领域的结构主义思潮。有学者指出，

---

① 赵敦华：《现代西方哲学新编》，北京大学出版社，2001，第 273 页。

"这种理论的应用范围从文本、符号研究一路扩展和蔓延，囊括了神话仪式、社会心理、意识形态"[①] 等各个方面的研究。毋庸置疑，作为结构主义马克思主义的代表人物，阿尔都塞、普兰查斯（Nicos Poulantzas，1936-1979）等肯定受到过这一思潮的影响。

尽管阿尔都塞本人不承认自己是"结构主义马克思主义者"甚至"结构主义者"，但他关于马克思思想中存在"认识论断裂"、"矛盾的多元决定"等思想显然是"结构主义"的应用。阿尔都塞的学生普兰查斯就曾指出过结构主义和他们思想的联系：在阿尔都塞和他们其他人的观点中，都存在着结构主义的思想残余。[②] 后来，阿尔都塞在写于1972年的《自我批评论文集》中，针对人们指责他的学说为结构主义，他自己也承认在以前的著作中确实存在同结构主义的"调情"有些过度的情况。

阿尔都塞用结构主义的方法进行着哲学理论重建，而且这种方法也深刻地影响了他的意识形态批判理论。

（二）"症候阅读法"

为了对马克思主义理论进行科学的解读，阿尔都塞借鉴结构主义的方法论思想，提出了一种新的阅读方法——"症候阅读法"（symptomatic reading），并在《读〈资本论〉》中把马克思的学说表述为一种科学理论。

与其他大部分西方马克思主义者一样，阿尔都塞受德国古典哲学的集大成者黑格尔的影响很大，阿尔都塞提出"症候阅读法"与他早期对黑格尔的研究紧密相关。阿尔都塞早期追随法国研究黑格尔的学者考杰夫而逐渐成为一名黑格尔主义者，但他通过研究黑格尔的思想而发现了黑格尔思想的局限性。"二战"结束后，阿尔都塞回到了巴黎高等师范学院，师从巴歇拉尔教授，继续研究黑格尔哲学。

1947年10月，阿尔都塞在其高等研究资格论文《黑格尔的内容概念》中着重阐述了黑格尔的思想。[③] 阿尔都塞认为，在黑格尔用"内容"这一概念的同时，"内容"的反面潜伏着"真空"，即空无的状态，等待着不断发

---

① 段方乐：《总体性的终结：从卢卡奇到阿多诺》，中国社会科学出版社，2009，第156页。
② 徐崇温主编《西方马克思主义理论研究》，海南出版社，2000，第664页。
③ 〔日〕今村仁司：《阿尔都塞——认识论的断裂》，牛建科译，河北教育出版社，2001，第42页。

展的哲学的思想去填充它。阿尔都塞进一步指出，黑格尔哲学让思维和存在达到一致的做法实际上否认了"真空"的存在。实际上，借助于对黑格尔哲学的分析和反思，阿尔都塞在这里暗含着他自己的哲学思维：每一个哲学家思想"内容"背后隐含的"真空"状态，都要用自己的"内容"（哲学的思考）去充实和完善。在这里，已经出现了阿尔都塞"症候阅读法"的萌芽。后来，阿尔都塞在研读其他哲学家的思想时，更是直接主张要从"可见的东西"中读出"不可见的东西"，于是"症候阅读法"就正式产生了。日本学者今村仁司如是评价道：阿尔都塞自始至终都关注着"空无"和"真空"。①

在阿尔都塞看来，马克思的伟大之处就在于，马克思在阐述自己的思想时倾向于让文本自身显现自己的"沉默"而不是从外部强塞入自己的观点。马克思文本的字里行间隐藏着不易发现的东西，这些是马克思在写作时针对思考的问题域进行转换的结果，需要读者细心地去揣摩和斟酌才能看得出来。② 阿尔都塞的"症候阅读法"是要强调：我们在对文本的阅读过程中，不能只满足于文本的"显性话语"（explicit discourse），而要注意文本作者在字面叙述后面隐藏的那些似说非说的"隐形话语"或无声话语（silent discourse），运用特殊的阅读方式，来揭示隐藏于文本表层结构背后的文字间的空白、标点间的间断、思想的沉默等，以找出作者所要阐述的"问题总框架"。

（三）"矛盾的多元决定"

在《保卫马克思》和《读〈资本论〉》中，阿尔都塞论述了马克思主义历史观的动因问题。阿尔都塞认为，矛盾概念在黑格尔和马克思那里是有区别的。黑格尔的"矛盾"，在复杂的中介过程中，总保持着结构的一元构成式，是简单的统一性的还原主义，而马克思辩证法中的矛盾，是由水平、层次或领域不同的社会结构的各种要素共同决定的。阿尔都塞把从社会结构的基层（经济基础）在垂直方向上的决定作用称作"最终层次

---

① 〔日〕今村仁司：《阿尔都塞——认识论的断裂》，牛建科译，河北教育出版社，2001，第46页。
② 〔法〕阿尔都塞、巴里巴尔：《读〈资本论〉》，李其庆、冯文光译，中央编译局出版社，2001，第20页。

的决定"。① 所以，在阿尔都塞看来，这种"最终层次"绝不是作为纯粹可见的东西出现，经济基础对上层建筑这种"多元"的、"最终层次的决定"，规定了社会结构的轨道和方向。②

通过阐述经济基础之"最终层次"的"矛盾多元决定"观点，阿尔都塞批驳了第二国际的经济决定论思想。因为经济决定论认为"经济基础决定上层建筑"所说的决定因素是实在可见的，这就形成了一种线性的可让历史还原的"神学意识形态"。

由此可见，阿尔都塞超越了把社会发展归结为某一具体社会因素的社会动因论，从而创建了一种以无意识结构为基底的"多元决定"的理论。阿尔都塞"矛盾的多元决定"观点在他关于意识形态的看法中得到了充分体现。

（四）拉康的主体理论及其影响

雅克·拉康因不满于弗洛伊德主义的主流学派——美国学派，而在巴黎组织了"巴黎弗洛伊德学派"，成就了法国最大的精神分析学派。

拉康的精神分析方法是结构主义的分析法，他在对精神病人的医学治疗中，主张通过分析精神病人的语言来发现其精神分裂或错乱的症状，在与病人的对话中引导病人宣泄情感，从而达到治疗的目的。拉康主张"回到弗洛伊德"，借鉴弗洛伊德关于下意识结构的分析。

1. 拉康的主体"三界说"

拉康认为，主体在不同的成长阶段会有不同的意识活动和心理状态。以此为基础，通过分析，拉康提出了著名的主体"三界说"（即"想象界"、"象征界"和"实在界"）。

婴儿在出生后的前6个月（前镜像阶段），只是被动地接受外界的影响，他对外界的感知是片段和零碎的，没有实质性的自我确认。

当婴儿6~18个月时，开始能在镜子前注意到自己的形象，他会兴奋地在镜前做着各种动作来观察镜像，渐渐发现镜子里面的原来是他自己，并

---

① 〔日〕今村仁司：《阿尔都塞——认识论的断裂》，牛建科译，河北教育出版社，2001，第131~132页。
② 〔法〕阿尔都塞：《保卫马克思》，顾良译，商务印书馆，1984，第185页。

且是一个完整的统一体，并辨识出了"自我"——与母亲和他者不同。这种辨识想象性的虚构的"自我"的过程即为镜像阶段。拉康认为，镜像阶段是人类特有的心理现象。婴儿在镜像阶段，通过镜像（与真实的镜子或者周遭他人的眼光进行互动），在一种想象的层面上认同了自身的影像，是在"不是他"的地方见到了他自己。当婴儿在镜像中认出他自己时，是把镜像中的幻想当成了真实，并从此对自己的镜像产生迷恋，有一种与镜像同化的欲望，这是一种"自恋"现象（如同弗洛伊德的"恋母情结"一样的心理感受）。拉康进一步指出，在整个镜像阶段，婴儿总是想得到他人的承认，婴儿的自我，既是欲望的对象，又是欲望的主体。拉康用"想象界"来指称这个阶段主体的心理状态。

当婴儿 3~4 岁时，进入了"俄狄浦斯阶段"。"俄狄浦斯情结"是弗洛伊德学说的一个关键概念，它是指儿童下意识的恋母情结。拉康在这里借用弗洛伊德有关"俄狄浦斯情结"的解释来强调它的象征意义。当儿童到了"俄狄浦斯阶段"，他感受到了一个"菲勒斯"父亲的介入，原本的"母—子"双边关系，变成了"俄狄浦斯情结"的"父—子—母"三边关系。父亲的出现，将孩子从他母亲那里强行分开，父亲夺走了儿童的所欲对象。在这里，"父亲"象征着社会秩序和语言文化；"菲勒斯"（这里不是生物性的生殖器官而是"父亲"的隐喻）象征着自我与母亲之间想象中的融合。在"俄狄浦斯阶段"的后期，儿童感受到了"父亲"力量的巨大，儿童与母亲的关系被强行分开，不得不对"父亲"产生强迫性认同，父亲成了孩子学习、模仿和认同的对象。孩子逐渐接受了父亲所代表的象征秩序，得到了父亲的认可，获得了与父亲一样的主体性地位，由一种自然状态而从此进入了"象征界"。

在主体进入象征界之前，象征符号就已经存在，人要成为主体就必然要陷入象征秩序之中。所以，主体进入象征界的过程，既是主体建构的过程也是主体不断被象征秩序分化与驯化的过程。在这个过程中，现实的个体获得了主体的身份，但同时也是以"真实的缺失"为代价的。象征秩序会对他的欲望进行审查、压抑和摈弃，也会对他的本真存在进行符号性的"阉割"。①

---

① 李明：《后马克思主义意识形态理论研究》，人民出版社，2011，第 217 页。

拉康认为，进入象征界的主体是一种被象征秩序阉割过的主体，是一种创伤性的存在。但是总有某些"漏网之鱼"，主体还是会存在一些无法被象征秩序符号化的残迹和剩余，这些残迹和剩余便组成了主体的"实在界"。

2. 语言的象征意义：能指的转喻与所指的隐喻

在索绪尔的结构语言学中，语言的要素是符号。印象作为符号的能指，代表着音响形象；符号的所指作为意义，代表着概念。能指和所指的结合组成符号，符号再组成不同的结构关系图式。句段关系是由两个以上的符号组合而成，如"绿"和"叶"共同组成的词语"绿叶"与单个词语的意义完全不同。各个符号组成的句段关系会由于某些符合的不同时出现而在人们的头脑中用其他符号进行置换，这种置换关系被索绪尔称为联想关系。

后来，结构主义语言学家罗曼·雅克布逊（Roman Osipovich Jakobson，1896~1982）把历时性的句段关系称为转喻（metonymy），把共时性的联想关系称为隐喻（metaphor）。

拉康继续发展了上述两人的思想。与索绪尔不同，拉康所说的符号不是能指与所指的结合，而仅仅是能指符号，所指在能指进入象征界的过程当中，用能指代替了所指，而将所指遗失在了下意识里了。

在能指符号一连串的转换过程当中，下意识的欲望会让所指泄露到意识当中，而成为语言的隐喻（即所指的隐喻）。譬如，用色彩斑斓的颜色比喻虎皮，用虎皮比喻老虎，用老虎比喻勇敢的人，这是能指符号的转喻过程（即能指的转喻）。这样，一件色彩斑斓的衣服就表达着"勇敢"的意义。

我们之所以分析拉康的主体理论，是因为它深刻影响了阿尔都塞的视角。阿尔都塞的意识形态理论指出，意识形态的运作，是通过把个人质询（或者召唤）为主体来实现的。阿尔都塞的这一观点可以说深受拉康的影响。

第二节　意识形态与科学

阿尔都塞借助其独特的"症候阅读法"，发现了马克思关于意识形态和科学的两个不同的理论总问题（理论框架）。阿尔都塞结构主义范式的意识形态批判理论就是建立在此基础之上的。

一 理论"总问题"（或"问题总框架"）

阿尔都塞以自己独特的"症候阅读法"，提出了他对哲学的看法：哲学家在对哲学的"思之追问"中，形成了自己哲学或者理论的总问题（problematic）。① 阿尔都塞认为，在哲学文本或哲学家直接言说的可直观的文字背后，是一种藏而不露的隐性系统，文本中所包含的各种特定的理论问题的性质，都是受它决定和制约，它就是理论总问题。② 也就是说，在显性直观物背后隐藏着一种内在的起隐秘制约作用的功能结构。今村仁司将阿尔都塞的这一观点概述为：这种思维模式在无意间影响着作者的思考方向、用语选择和意义表达。③

总之，在阿尔都塞看来，任何思想都有其"无意识"的思维模式，这种思维模式即是哲学家的理论"总问题"。

在《读〈资本论〉》中，阿尔都塞阐述了马克思的经济学问题式对传统经济学的革命和超越：马克思的经济学问题式转换是对传统经济学研究对象的变革，他运用自己的新的理论方法看到了之前根本看不到的"新的方面"，即那些同传统经济学连续却又存在差异的方面。马克思正是运用新的问题框架进行研究，最终才创建了"剩余价值"学说。④

阿尔都塞认为，马克思对于黑格尔的变革就体现在总问题的转换上。阿尔都塞指出，绝不能比喻说马克思只是把黑格尔的辩证法简单倒置了过来，其实马克思和黑格尔两人研究的对象本就不同，研究问题的方法也不一样。马克思把黑格尔的理念世界探索转换为对现实世界的研究，从而改

---

① "总问题"也被译为"问题式"（如张一兵）、"问题框架"（如俞吾金）、"理论架构"（如徐崇温）、"问题提法"（如杜章智）等，目前学术界使用"总问题"的居多，我们在此也沿用了习惯性的用法。（参见张一兵《问题式、症候阅读与意识形态——关于阿尔都塞的一种文本学解读》，中央编译出版社，2003，第 24 页）在这里，阿尔都塞借用了自己的好朋友雅克·马丁在精神分析学研究中创制的"总问题"概念，在其成名作《保卫马克思》的扉页上，阿尔都塞写道："本书献给我已故的朋友雅克·马丁，他在最艰苦的考验中，独自找到了研究马克思哲学的途径，并对我进行了指导。"（孟登迎：《意识形态与主体建构：阿尔都塞意识形态理论》，中国社会科学出版社，2002，第 65 页注）

② 〔法〕阿尔都塞：《保卫马克思》，顾良译，商务印书馆，1984，第 48~49 页。

③ 〔日〕今村仁司：《阿尔都塞——认识论的断裂》，牛建科译，河北教育出版社，2001，第123 页。

④ 〔法〕阿尔都塞、巴里巴尔：《读〈资本论〉》，李其庆、冯文光译，中央编译局出版社，2001，第 179 页。

变了黑格尔的辩证法的结构。① 在阿尔都塞看来，马克思对黑格尔的哲学变革正是体现在了总问题的转换上。

随后，阿尔都塞基于对理论实践的理解而提出了关于理论发展的新观点。他依照马克思的物质生产方式概念，认为理论实践就是将一定的思想材料加工"生产"出来，从而得出新的理论结论。在阿尔都塞看来，理论的发展就是思想家用新的理论总问题代替了旧的理论总问题，理论就是在一系列的决裂和更替中取得发展的。因此，如果用总问题来说明哲学史的变革和发展，就可以看出，黑格尔的总问题不同于康德的总问题，马克思的总问题也不同于黑格尔的总问题。而且，更重要的一点，阿尔都塞以这样的方法看出了后期马克思的思想对于前期马克思的思想的彻底变革，即发现了成熟时期的马克思的总问题也不同于青年时期的马克思的总问题。

二　"认识论断裂"

如前所述，阿尔都塞以自己独特的"症候阅读法"发现了马克思前后期思想中存在着总问题的转换：以 1845 年为界，马克思的前后期思想发生了"断裂"和改变。② 马克思经历了由人道主义这一非科学的立场向马克思主义历史唯物主义的科学的立场的转变——成熟时期的马克思用科学的总问题取代了青年时期的意识形态总问题。

在阿尔都塞看来，马克思的思想确实存在着认识论断裂（epistemological break）。在 1845 年之前，马克思主要研究意识形态总问题，指出意识形态表征着自己独有的逻辑和结构体系，在一定历史阶段存在并影响着历史的发展。③ 所以，这个时期马克思的思想，属于前科学阶段，即意识形态阶段。马克思在这一时期侧重于对"真理"的探求和"意识"的批判。④ 而在 1845 年之后，马克思的思想发生了一次重大的转变。在建立的新的历史观的基础上，马克思侧重于对现实的考察和批判，形成了科学的总问题，

---

① 〔法〕阿尔都塞：《保卫马克思》，顾良译，商务印书馆，1984，第 53~54 页。
② 阿尔都塞借用了他老师巴歇拉尔的"认识论断裂"概念："我以为还可以借用加斯东·巴什拉关于认识论断裂的概念，以研究由于新科学的创立而引起的理论总问题的变化。"（〔法〕阿尔都塞：《保卫马克思》，顾良译，商务印书馆，2006，第 14~15 页）。
③ 〔法〕阿尔都塞：《保卫马克思》，顾良译，商务印书馆，1984，第 225 页。
④ 〔法〕阿尔都塞：《保卫马克思》，顾良译，商务印书馆，1984，第 232 页。

而不同于前期的意识形态总问题。[①] 为此，阿尔都塞得出结论：马克思的前后思想中存在着"意识形态"和"科学理论"的决裂。

阿尔都塞在划分马克思思想这两个不同的阶段的基础上，进一步指出马克思的思想具有四个不同时期和特征：1840~1842年，马克思超越黑格尔而靠近康德和费希特，其思想是一种理性的人道主义思想；1842~1844年，马克思主要采用了"费尔巴哈的'共同体的'哲学人本主义"；1845年前后马克思思想发生断裂，之后的1855~1857年，马克思的思想继续发展和完善；1857~1883年是马克思思想的理论成熟时期，形成了最为系统的科学理论架构。

我们在此暂且不展开讨论阿尔都塞关于马克思的思想分期的对与错，其实关于阿尔都塞的"认识论断裂"，国内学者如张一兵在《问题式、症候阅读与意识形态：关于阿尔都塞的一种文本学解读》中已有过详细的分析和评价。接下来我们依然回到本书的中心（意识形态批判）上来，继续展开阐述。

三 人道主义意识形态批判

如前所述，阿尔都塞借助"症候阅读法"发现了马克思思想历程中存在着"认识论断裂"，这个决裂就发生在1845年前后。阿尔都塞这样区分无非是要说明，青年马克思是一个费尔巴哈式的人道主义者，而不是一个马克思主义者，而成熟时期的马克思抛弃了之前的人道主义的思想才创立了科学理论。

在阿尔都塞看来，"主体性人本主义"的马克思主义继承的正是马克思早期意识形态阶段的人道主义思想，而人道主义是资产阶级的意识形态，是非科学的。因而，进入科学阶段的马克思学说，理应与前期的人道主义决裂。

阿尔都塞指出，人本主义的逻辑发端于费尔巴哈，费尔巴哈通过对宗教和迷信的批判，替人类说话。与唯心主义哲学相反，费尔巴哈把哲学批判的目光拉回到人类本身，指出人之本质存在应该是"自由、平等和博爱

---

① 〔法〕阿尔都塞：《保卫马克思》，顾良译，商务印书馆，1984，第201页。

的人"。① 马克思哲学作为对费尔巴哈哲学的继承和超越，本质上是一种理论上的反人道主义，它不仅反对现存的世界，同时也反对一切"哲学"。② 总之，在阿尔都塞看来，人道主义作为资产阶级的意识形态，与马克思的科学思想是相违背的。所以，现如今人们应加强对人道主义意识形态的批判。

基于此，阿尔都塞指出，卢卡奇、柯尔施、萨特等人在提出捍卫无产阶级立场的同时，把马克思主义发展为对现代社会进行人本主义批判的做法，客观上使他们变成了资产阶级意识形态的同谋。就像有学者总结了阿尔都塞反对卢卡奇和萨特等人的根本原因："仅仅从道德的维度即靠'价值悬设'的方式，把衡量一切事物和行动的价值标准归结为'人'的或'人类的'人性，而不考虑其他，那么，这种'人性观'在原则上就不能摆脱宗教的或者神学的框架。资产阶级曾经宣扬用'人性'代替神性，但这种'抽象的人性'不过是宗教神性的变种而已。因此，用这种方式解释马克思主义，必然导致马克思主义理论的倒退。"③ 所以，阿尔都塞认为，马克思的学说在"理论上"是与人本主义格格不入的。显然，阿尔都塞这样做的目的，就是要对主体性人本主义的马克思主义进行理论反拨，强调马克思主义的"科学性"。

总之，与卢卡奇等"主体性人本主义"的马克思主义者不同的是，阿尔都塞极力反对、坚决批判人道主义马克思主义的"主体性逻辑之维"，而他更强调马克思历史唯物主义的"科学的客体之维"。

第三节　意识形态国家机器

阿尔都塞在葛兰西文化领导权思想启发下，提出了著名的"意识形态国家机器"理论。阿尔都塞在意识形态理论史上作出了划时代的贡献，被西方学者誉为意识形态专家。

---

① 〔法〕阿尔都塞：《保卫马克思》，顾良译，商务印书馆，1984，第23页。
② 〔法〕阿尔都塞：《亚眠的答辩》，载《马列主义研究资料》（第3~4辑合刊），1986，第319页。
③ 段方乐：《总体性的终结：从卢卡奇到阿多诺》，中国社会科学出版社，2009，第166页。

一 国家理论与意识形态理论的结合

从字面上可以看出，阿尔都塞的"意识形态国家机器"包含"意识形态"和"国家"两个部分。"意识形态"是阿尔都塞的研究主题，"国家"则是他丰富和发展马克思主义国家理论之处。

众所周知，马克思的国家理论建立在历史唯物主义的基础之上，充满哲学智慧和政治洞察力。马克思认为，国家是统治者所利用的镇压工具。无产阶级要想取得革命的胜利，首要的目标就是要夺取资产阶级的国家政权。马克思把国家和市民社会结合起来，认为市民社会（经济基础）决定国家的本质和职能等，并强调国家的本质和国家的职能之间存在着必然的辩证关系。

后来，葛兰西发展了马克思的国家理论，认为国家不仅包括政治社会，还包括市民社会。他从市民社会的生产关系的视角来考察国家的角色，把市民社会上升到上层建筑的领域，认为国家不仅具有暴力和强制的职能，还具有文化和意识形态意义上的"同意"职能。

阿尔都塞在葛兰西的基础上，将国家理论与意识形态理论相结合，提出了许多新的观点。

首先，阿尔都塞认为，国家权力包含着"国家机器"和"国家政权"。国家政权（state power）可能发生更迭，而国家机器（state apparatus）却长期存在。国家机器并不会随着国家政权的更迭而消失不见，哪怕国家政权被革命的阶级推翻了，但新上台的阶级为了维护国家稳定仍然会继续利用国家机器。

其次，阿尔都塞在创造性地对国家权力进行区分后，又进一步区分出了两种不同形式的国家机器。他认为，除了显性的那种类型之外，人们还应特别注意一种与之不同的隐性的国家机器的物质实体——意识形态国家机器（the ideological state apparatuses，简称 ISA）。[①] 在阿尔都塞看来，与政府机关等强制性国家机器不同，后一种通过意识形态发挥作用的国家机器（即 ISA），其功能主要在于：掩盖阶级统治的目的和行径，使被统治阶级相

---

① Althusser, *Lenin and Philosophy and Other Essays*, trans. by Ben Brewster, New York: Monthly Review Press, 1971, p. 142.

信统治的合法性。[①] 阿尔都塞认为，后一种国家机器发挥作用，正体现了意识形态的"物质性"特征。

二　意识形态的多重存在方式

（一）意识形态的"物质性"存在

为了更好地说明问题，阿尔都塞进一步指出了强制性国家机器和意识形态国家机器这两种国家机器的不同之处。①数量不同。前者的数量只有一个，人们较容易发现它的存在，而后者的数量不止一个，可能很多，并且它还不容易被直接发现。[②] ②发挥作用的方式不同。前者主要通过暴力和强制性的手段，而后者则重点通过意识形态，即认可和同意的方法。[③] ③存在的领域不同。前者存在于政治等属"共"的领域，而后一种类型的国家机器主要通过文化或者意识形态去引导人们的思想，往往存在于私人领域。

阿尔都塞强调，正是在教会、家庭、党派等私人领域，意识形态发挥着"国家机器"的作用，广泛散播着资产阶级的世界观和价值观。也就是说，这种物质性存在的国家机器，发挥着独特的意识形态功能。人们日常生活中的节日和庆典，比如去教堂做礼拜、参加体育比赛、参加聚会等活动，都是处于被操控的状态。[④] 资产阶级正是通过这一方式，强化他们的政治统治，保证了资本主义社会的存在和发展。

在阿尔都塞看来，这种作为物质性存在的意识形态，主要体现在一些仪式与实践的过程中，存在于"无意识"的过程。而在这些仪式和实践中，人们往往觉得自己是作为自由的主体自主和自愿参与的，但其实人们已经于不知不觉中陷入了意识形态的牢笼。譬如，法西斯主义意识形态理论的产生，就是通过群众的集会与游行、有组织的文体活动等一系列的仪式和

①　〔法〕阿尔都塞：《哲学与政治：阿尔都塞读本》，陈越编译，吉林人民出版社，2003，第336页。

②　〔法〕阿尔都塞：《哲学与政治：阿尔都塞读本》，陈越编译，吉林人民出版社，2003，第336页。

③　我们从阿尔都塞的这一观点中，明显能感受到葛兰西关于市民社会与"领导权"理论对阿尔都塞的影响。

④　〔斯洛文尼亚〕斯拉沃热·齐泽克等：《图绘意识形态》，方杰译，南京大学出版社，2002，第164~166页。

实践来完成的。

阿尔都塞接着指出，在不同的时期，起主要作用的意识形态国家机器有差异。在资本主义早期阶段，主要是教会宣扬着资产阶级的"价值观"，凝聚着民众的意识，推动了生产能力的提升。[①] 而资本主义体制正式建立以后，资本主义社会主要通过学校的教育来发挥意识形态的功能。儿童从小每天就在学校义务地（有些甚至是免费地）接受教育，受到资产阶级的文化和意识形态"熏陶"。[②]

前文已经分析指出，阿尔都塞认为，意识形态正是以"物质性"的特征存在于国家机器当中。但阿尔都塞所说的物质并不是指具体的"物质"实物，[③] 而是强调意识形态以一种"物质性"的方式存在。接下来我们就要分析，在阿尔都塞的意识形态理论中，意识形态是以怎样的"物质性"的方式存在着的。

（二）再现的关系体系

阿尔都塞认为，马克思缺少关于意识形态的系统性论述，只是偶尔使用了这一词语。即使在《德意志意识形态》中，马克思批判了德国的诸种意识形态，但那也不是马克思主义的意识形态理论。后来马克思虽然在《资本论》中批判了资产阶级的意识形态，但终究没有形成自己的系统的意识形态理论。相反，阿尔都塞觉得，自己完全有信心开展前人尚未完成的关于意识形态的讨论和研究。

那么，到底什么是意识形态呢？阿尔都塞认为，意识形态首先是一种关系体系的再现，影响着社会历史发展。[④] 并且，它是人们对于自己生存条件的想象性表征。这就是说，在阿尔都塞看来，意识形态并不直接反映现实，而是反映与现实的再现关系；[⑤] 不是对人类与自己生存条件关系的直接

---

① 〔法〕阿尔都塞：《哲学与政治：阿尔都塞读本》，陈越编译，吉林人民出版社，2003，第337页。

② 〔法〕阿尔都塞：《哲学与政治：阿尔都塞读本》，陈越编译，吉林人民出版社，2003，第346页。

③ 〔法〕阿尔都塞：《哲学与政治：阿尔都塞读本》，陈越编译，吉林人民出版社，2003，第356~357页。

④ 〔法〕阿尔都塞：《保卫马克思》，顾良译，商务印书馆，1984，第201~204页。

⑤ 〔法〕阿尔都塞：《保卫马克思》，顾良译，商务印书馆，1984，第216页。

反映，而是反映着人类与自己生存条件关系的体验关系。在意识形态中，人们是以想象的形式来表象自己现实的生存条件。[①]

（三）永恒的社会结构

阿尔都塞认为，虽然各个具体时代的意识形态有自己的历史，但是作为社会结构，它（即意识形态一般）却一直存在，没有历史，因为人们对于自己的生产状态的某种幻觉始终存在，并作为"社会的历史生活的一种基本结构"而强加于人。即是说，意识形态作为一种结构和功能而存在，而人们在不经意间被它所包围。[②] 阿尔都塞指出，意识形态对于个人适应社会具有重要的作用，每一个社会都发挥着意识形态的上述功能。[③]

阿尔都塞认为，意识形态是作为一种"无意识"的（社会）结构而对人产生影响，并且这种"意识形态一般"是没有历史的，是"永恒"的。在这里，阿尔都塞始终强调的是，意识形态作为结构发挥作用。从中我们可以清楚地看出，阿尔都塞是采用了结构主义的方法研究意识形态，他用共时性代替历时性，将不同时期出现的所有意识形态摆在同一个（结构）层面去考察，认为它是人们对于自己生存状态的"幻觉"，任何人一旦来到这个世界，都要受到社会关系的制约，这是人无法回避的现实。或者说，作为社会结构而存在的意识形态是存在于任何社会、任何历史时期的，它是恒久存在的。这就是他说的"意识形态一般没有历史"[④] 的实质含义。

阿尔都塞的上述观点，与马克思的看法明显不同。马克思也说过"道德、宗教、形而上学和其他意识形态……没有历史"[⑤]，但他主要是站在历史唯物论的角度指出，意识形态产生于社会实践生活，它会随着社会生活的变化而改变其存在的形式，因此，意识形态没有自己独立发展的历史。可见，马克思自始至终是站在历史唯物主义的立场上看待问题的，而阿尔

① 〔法〕阿尔都塞：《哲学与政治：阿尔都塞读本》，陈越编译，吉林人民出版社，2003，第352～353页。
② 张秀琴：《西方马克思主义意识形态理论的当代阐释》，中国传媒大学出版社，2005，第118页。
③ 〔法〕阿尔都塞：《保卫马克思》，顾良译，商务印书馆，1984，第205页。
④ 〔日〕今村仁司：《阿尔都塞——认识论的断裂》，牛建科译，河北教育出版社，2001，第246页。
⑤ 《马克思恩格斯选集》（第1卷），人民出版社，1995，第73页。

都塞却是终究站在结构主义的立场上来阐述观点。

综上所述，阿尔都塞强调国家既有镇压的功能，也具有意识形态的功能，意识形态（物质性地）存在于教会、学校等意识形态国家机器之中。更重要的是，他把意识形态与人们的生活结合起来，认为作为关系体系和社会结构而存在的意识形态本身是客观的，这就更加凸显了意识形态的物质性。

三　意识形态将个人"询唤"为主体

出于对当时流行的"主体性人本主义"（人道主义和存在主义）的马克思主义的理论反拨，阿尔都塞重点关注意识形态对主体的影响问题。在阿尔都塞看来，人道主义存在着欺骗性和唯心主义的特征，它本身是一种意识形态，是与科学相对立的，而马克思主义恰恰与之相反，是"理论上的反人道主义"。因此，阿尔都塞主张对人道主义进行意识形态批判，认为意识形态主要通过把个体"询唤"为主体而发挥着意识形态功能。

（一）意识形态的实践功能

在《保卫马克思》中，阿尔都塞对何谓"实践"作了一段阐述，并提出了具有争议性的"理论实践"概念。他指出，作为社会活动一种行为，理论（研究）也是一种特殊的社会实践形式，它既包括科学的理论实践，也包括前科学的即意识形态性的理论实践。[①] 那么，作为一种特殊"实践"的意识形态是如何在社会结构和社会生产中发挥作用的呢？阿尔都塞进一步指出，从社会结构的角度去理解意识形态的功能就会发现，意识形态作为一种特殊的调节剂，调整和维系着人们在社会中的角色及其相互关系。[②]

可以看出，阿尔都塞一方面把马克思所说的经济基础—上层建筑的框架看作一种大厦的隐喻，指出意识形态在上层建筑层面的重要作用和相对独立性；另一方面转向了对意识形态的实践功能和主体建构的讨论，强调意识形态对个体社会角色（生活）以及社会生产关系的影响作用。或者说，

---

① 〔法〕阿尔都塞：《保卫马克思》，顾良译，商务印书馆，1984，第139页。

② Gregory Elliot ed., *Philosophy and the Spontaneous Philosophy of the Scientists*, London：Verso 1990, p. 25.

阿尔都塞已经开始从社会生产关系的角度来考察意识形态问题了。

（二）再生产视域的意识形态分析

阿尔都塞在 1968 年巴黎"五月风暴"过后，对资本主义社会的现状和无产阶级革命的发展前途进行了冷静思考。自 1969 年开始，阿尔都塞就从社会再生产的角度去探讨意识形态问题，并取得了突破性进展。

阿尔都塞认为，"有机的社会整体"（马克思语）或者社会形态是由经济、政治和意识形态三个基本的"层面"构成的。除了经济和政治，意识形态也是社会有机总体的重要组成部分。[①] 受马克思再生产理论的影响，阿尔都塞更是主张从生产力和生产关系的社会再生产角度去研究意识形态及其功能。

马克思在《资本论》等著作中研究了资本主义再生产问题：资本主义为了维持自己的稳定和发展，就要不断进行着生产资料和生产条件（包括劳动力和生产关系）的再生产。马克思的上述观点启发了阿尔都塞的思路。阿尔都塞认为，马克思在《资本论》中已经着重论述了生产（劳动）资料的再生产问题，现在自己的主要任务就是要在马克思分析的基础上，重点关注资本主义制度下的生产条件特别是劳动力的再生产问题，因为它关涉到意识形态问题和意识形态对主体心理的影响。

阿尔都塞认为，"有效的劳动力必须是'有技能'的"，劳动的社会化过程要求对各种技能进行划分。[②] 在资本主义制度下，具有多样化技能的劳动力的再生产主要是通过学校等资本主义意识形态机器在劳动生产之外完成的，学生们在学校除了学习各种技能知识外，"还学到了举止得体的'规则'，即劳动分工中的每一个行为者，根据其'注定'担任的工作，都应该注意的态度：道德原则、公民和职业道德"。[③] 资产阶级通过学校等国家意识形态机器，培养了人们的顺从意识，从而使被统治阶级相信资产阶级政

① 〔法〕阿尔都塞：《保卫马克思》，顾良译，商务印书馆，1984，第 184 页。
② Althusser, *Lenin and Philosophy and Other Essays*, trans. by Ben Brewster, New York：Monthly Review Press, 1971, p. 131.
③ 〔法〕阿尔都塞：《意识形态与国家机器》，载〔斯洛文尼亚〕斯拉沃热·齐泽克等《图绘意识形态》，方杰译，南京大学出版社，2002，第 137 页。

治统治的合法性。① 学校教育在这一过程中发挥作用，强化了资产阶级的意识形态统治，保证了资本主义剥削关系的再生产。

阿尔都塞从社会再生产的角度出发探讨意识形态问题，指出意识形态在劳动力再生产方面的特殊功用，这样自然地从关注劳动力的再生产问题转向了关注意识形态和主体身份的认同问题，即意识形态对主体（身份）之建构的重要作用问题。

（三）主体建构与意识形态"质询"

阿尔都塞通过对社会再生产过程的分析，看到了意识形态对资产阶级制造自己的合法性、维护自己统治所起的重要作用。资产阶级通过意识形态国家机器培养出了既掌握劳动技能又具有"认同"资本主义社会生产秩序和社会观念的心理素质的劳动主体。这样看来，主体的生成也是被建构的过程。那么，意识形态又是通过怎么样的方式把主体建构起来的呢？阿尔都塞接下来认真论述了这个问题。

阿尔都塞认为"个体"（individual）与"主体"（subject）是两个不同的范畴。在英语中，"subject"这个词既有"主体"的含义，又有"臣民"的意思，"这两种含义正以辩证的方式统一在个体与意识形态的关系中"。②在阿尔都塞看来，由于意识形态就犹如空气一样无处不在，个体不可能是"纯洁"的。阿尔都塞认为，个体在进入社会那一刻起，甚至个体还在母腹当中时就已经受意识形态"感染"而成为主体，因为孩子的父母会在孩子尚未出生时就煞费苦心给孩子起名，这个名字就伴随着意识形态性的期盼。人感觉自己是主体，那是因为人在这里是被社会文化体系（意识形态）建构起来的，只不过人们往往意识不到这一点而已。阿尔都塞指出，现实的主体是意识形态作用的结果，意识形态控制着主体的思想。③甚至连人的感觉都是一种意识形态实践的结果。阿尔都塞举例说，当有朋友来敲门，屋里人会问"谁啊"，外面人回答说"是我呀"，于是屋里人就知道到底是谁

---

① 〔法〕阿尔都塞：《哲学与政治：阿尔都塞读本》，陈越编译，吉林人民出版社，2003，第336页。

② 俞吾金：《阿尔都塞意识形态理论新探》，《江西社会科学》2004年第3期。

③ 〔法〕阿尔都塞：《哲学与政治：阿尔都塞读本》，陈越编译，吉林人民出版社，2003，第362页。

来了，然后把门打开。阿尔都塞认为屋里人已经按照社会文化（意识形态）设定好的方式在思考，他自认为他自己是主体，这其实是幻觉，他从未成为真正的"主体"，只不过是按照意识形态规定好的方式在行动而已，意识形态就这样把一切"个体"都"构造"成了"不能自觉"的"主体"。

阿尔都塞认为，从个体到主体的转换，是通过意识形态这一中介来实现的。意识形态通过对个体的"质询"（interpellate，询唤、召唤、询问或传唤）而把主体建构了出来，[①] 并且在这一过程中，意识形态给主体及生产关系的再生产造成误认。[②] 这种误认源于意识形态代表着人们对社会生活的一种想象性的关系，人们用想象的世界来代替现实的世界，在想象的世界里我们感觉自己很快乐、很满足，就如同鲁迅先生所揭示的近代中国人的"阿Q精神"。这样，意识形态为主体的生存提供了精神资源，维持了社会正常运作。对此，阿尔都塞进一步指出，意识形态对主体的建构不仅仅是来自主体外部的介入，更主要的是通过主体发挥自身内部的误认（misrecognition）/认识（recognition）/认同（identification）功能。意识形态往往以隐秘的方式对个体产生影响，因为意识形态不会自己说"我就是意识形态"。[③] 也就是说，由于意识形态的非透明性，被意识形态建构的主体往往不能完全清醒地认识自我。

阿尔都塞以宗教为例，阐述了宗教作为一种意识形态是如何建构主体的：第一步，宗教对个体发出质询（召唤）；第二步，个体从内心接受了宗教的质询，去参加宗教的洗礼、忏悔等物质性的仪式；第三步，个体通过宗教仪式逐渐向居于主体地位的上帝（subject）靠拢；第四步，个体最终自由地臣服于主体（大写的subject）的诫命，并在现实中寻找到了生活的位置，按照上帝的旨意去行动。

通过上述分析我们不难看出，阿尔都塞只是过多强调了主体建构过程中意识形态对主体的质询方面，而没有注意到意识形态与主体之间的关系，其实是一个变动的双向的互动关系。

---

① 〔法〕阿尔都塞：《哲学与政治：阿尔都塞读本》，陈越编译，吉林人民出版社，2003，第366页。
② 〔法〕阿尔都塞：《列宁与哲学》，（台北）远流出版公司，1990，第198~199页。
③ 〔法〕阿尔都塞：《哲学与政治：阿尔都塞读本》，陈越编译，吉林人民出版社，2003，第365页。

总之，阿尔都塞从社会再生产角度提出的意识形态国家机器理论，有利于矫正主体性人道主义马克思主义把马克思主义拉向人道主义的错误，但他在维护马克思主义的科学性时有些过犹不及，尤其是阿尔都塞在论述意识形态与主体的建构过程时，过分强调主观意识上的理论实践而忽视了客观的实践活动，似乎理论上的（意识形态）批判就能代替真正的革命实践活动。因此，阿尔都塞实际上并不能够如愿以偿地真正"保卫马克思"，相反，他的做法甚至远离了马克思。另外，阿尔都塞的观点还有"泛化"意识形态之嫌，因为在阿尔都塞看来，一切个人或者事务都是由意识形态建构的，意识形态犹如空气一样充斥着这个世界。那么我们不禁要问，如果真的如此，那么革命的力量从哪里来？科学的认识又该如何产生呢？显然，阿尔都塞没法回答这些问题，他只能走向思想悲观和生活凄凉，这不仅体现在阿尔都塞晚年时期精神病发作并无意中掐死了自己的妻子上，而且体现在阿尔都塞的很多思想对其他哲学家的观点，尤其是后马克思主义的意识形态批判理论产生了极大的影响上。

本章小结

阿尔都塞基于政治和理论的双重需要，一方面极力反对第二国际经济决定论者对马克思主义的庸俗化解释，另一方面也旗帜鲜明地反对西方阵营"主体性人本主义"对马克思主义的人道主义错误阐释。他运用当时最时髦的结构主义的方法对马克思主义进行了重新解读，并创造性地使用"矛盾的多元决定"概念以消解传统对于"经济基础决定上层建筑"公式的僵硬理解。

阿尔都塞为马克思主义意识形态理论作出的重大贡献之一在于他运用各种不同的方法把意识形态概念理论化，使之成为马克思主义研究的最重要的方向之一，但阿尔都塞的意识形态批判理论也是他所有理论成果中最具争议性的部分。

早年的阿尔都塞侧重从认识论的层面上展开对意识形态的批判，认为意识形态是"非科学"的，不能给人带来知识，而科学就是要从意识形态中脱离出来，揭露批判意识形态的伪装。以此为依据，阿尔都塞借助他独特的"症候阅读法"，指认 1845 年前后马克思的思想发生了"认识论断裂"——由人道主义的非科学立场转向历史唯物主义的科学立场，并进一步指出马克思主义哲学最根本的规定性在于"理论的反人道主义"，因此要批评那些以普遍的人性和人的主体性作为马克思主义全部哲学前提的抽象人道主义错误，以便建立科学的马克思主义的理论基石。

后期的阿尔都塞在思想上发生了转变，更多的是从社会、政治的层面重新探讨意识形态的功能。这种思想转变集中体现在《意识形态和意识形态国家机器》（1969）这一长篇论文中。阿尔都塞这一时期提出了一些关于意识形态的非常重要的新观点。第一，作为永恒的结构和功能，意识形态没有历史。阿尔都塞以共时性取代历时性，用结构功能取代历史分析，把历史上出现的各种不同的意识形态放在同样的结构层面考察后得出结论：不仅"各种个别的意识形态"而且"意识形态一般"，都是没有历史的。第二，意识形态体现了个人与其生存条件的想象关系，是人对于自身生存状态的幻觉。马克思、恩格斯在《德意志意识形态》中把意识形态表述为一种虚假意识，揭示出了意识形态的虚假性和阶级性特征。阿尔都塞更进一步指出，意识形态本身无所谓虚幻，虚幻的是人同他生活于其中的世界的关系。换句话说，为了欺骗别人或者自欺欺人，人们往往用想象的东西代替现实的东西，把虚幻当作现实。第三，意识形态的物质性存在。在阿尔都塞看来，意识形态表述的想象性歪曲，归根到底源于人们与社会生产关系和阶级关系的想象关系，且这种想象关系具有物质的存在。在现代资本主义社会，意识形态已经物化为某种客观的行动方式、结构、仪式或者机器了。第四，意识形态的主要功能在于把具体的个人"询唤"为主体。自笛卡尔以降的近代资产阶级意识形态一直宣称：人是认识的主体，人可以主宰客观世界和自己的命运。阿尔都塞力图戳穿这一意识形态谎言，他强调现实中每个人都自以为是独立的主体，但实际上他的主体地位是被意识形态建构出来的，在如今的社会中，人的一切行动不过是在意识形态机器中扮演一种角色，在日常实践中无意识地按照某种意识形态仪式在生活，且完全不自知，这才是人世间最可悲的事情。

不得不说，上述观点体现了阿尔都塞之现实分析的深刻性、理论思考的深邃性、逻辑探析的独特性，对马克思主义意识形态理论研究产生了极其重要的影响。尽管阿尔都塞的理论有些片面和偏激，甚至有泛化意识形态的倾向，但阿尔都塞基于意识形态的思考和探索，启示我们应侧重关注和发挥好意识形态的功能和作用，尤其是在人们的日常生活领域、在日用而不觉的层面上，发挥社会主义核心价值观凝聚人心、汇聚民力的强大力量。具体而言，现阶段我们要努力做好以下几方面的工作。第一，发挥教育的基础性功能，着力培养担当民族复兴大任的时代新人。葛兰西、阿尔都塞等西方马克思主义者都曾强调过教育的意识形态功能。青年是祖国的未来、民族的希望。在新征程上以中国式现代化实现中华民族的伟大复兴，夺取新时代中国特色社会主义的伟大胜利，需要一代又一代中国有志青年的接续奋斗。现阶段，我们必须持续深化对当代青年的爱国主义、集体主义、社会主义教育，着力培养有理想、敢担当、能吃苦、肯奋斗，并且德智体美劳全面发展的社会主义建设者和接班人。第二，弘扬以伟大建党精神为源头的中国共产党人精神谱系，以坚定的理想信念筑牢广大人民的精神之基。我们不完全赞同阿尔都塞以结构主义的方法把人类历史理解为主体性被消解的"无主体的过程"的做法，尽管他关于意识形态将人"询唤"为主体的思想确实非常深刻。历史唯物主义认为，人民群众是创造历史的主体，当然这种创造活动是合规律性与合目的性的统一，合目的性是人发挥主观能动性的集中体现。常言道，人无精神不立，国无精神不强。理想信念作为精神上的"钙"，是人的精神支柱和精神脊梁，是鼓舞人前进和奋斗的强大精神动力。中国共产党在带领中国人民进行革命、建设、改革中形成的伟大精神和光荣传统，是我们的宝贵精神财富，它跨越时空但历久弥新。以伟大建党精神为源头的中国共产党人精神谱系，不仅为我们立党、兴党、强党提供了丰厚的滋养，而且为中华民族伟大复兴提供源源不断的精神力量。在全面建设社会主义现代化国家的新征程上，必然要面对各种重大挑战、重大风险、重大阻力、重大矛盾，为此我们要继续弘扬光荣传统、赓续红色血脉，把以伟大建党精神为源头的中国共产党人精神谱系继承下去、发扬光大。第三，创新方式方法，继续做好思想政治工作和意识形态工作。阿尔都塞结构主义范式的意识形态批判理论，关切到了日常生活领域的意识形态物质性存在问题，这同样给了我们一些警醒和启示。当前，我国"意识形态领域存在不少挑战"，[①] 国家安全领域也面临不少风险。在新时代新征程，我们必须坚持用社会主义核心价值观铸魂育人，完善思

---

① 《中国共产党第二十次全国代表大会文件汇编》，人民出版社，2022，第12页。

想政治工作体系，创新群众思想政治工作的体制机制和方式方法，切实关注群众利益诉求，及时解决群众思想认识和现实利益问题，强化对践行社会主义核心价值观的教育引导、实践养成以及法制保障，坚持将工作落细、落小、落实，把社会主义意识形态和社会主义核心价值观贯彻到国民教育、精神文明创建、精神文化产品创作生产传播的全过程，贯穿到国家治理体系和治理能力现代化建设的各个领域，不断巩固全体中国人民团结奋进的共同思想基础。

第六章　"后马克思主义"的意识形态批判理论

我国学界对"后马克思主义"的界定在经过一番争议后，渐渐达成共识。国内学术界认为，后马克思主义有广义和狭义之分。广义的后马克思主义是指 20 世纪末以来，西方的一些学者受到后现代主义思潮的影响，在面对发达资本主义国家的新变化时，借用后现代主义的观点探究马克思主义思想而产生的一种意义深远的学术思潮。狭义的后马克思主义则是特指拉克劳和墨菲代表的那种与"激进多元民主"思想相对的一种当代西方政治思潮。

本书所说的"后马克思主义"是广义的，通过分析最具代表性的后马克思主义者如鲍德里亚、拉克劳和墨菲、齐泽克的思想来研究后马克思主义的意识形态批判理论。

第一节　鲍德里亚的符号意识形态批判

在西方后现代思潮中，有一位重要的思想家，他就是让·鲍德里亚。鲍德里亚的思想在经历短暂的西方马克思主义阶段后迅速转向了后马克思主义。他提出当代资本主义社会从生产性社会已经走向了以符号为中介的消费社会，从此消费取代了生产的地位，支配着社会的一切行为，包括人的思想。在消费社会中，符号的意义被加在了消费行为之上，消费者追求的不是商品的有用性，而主要是通过消费活动以彰显自己的社会地位和身份。符号操控成了现代社会的意识形态，所以对它的批判已经不再是传统的政治经济学批判，而是符号政治经济学批判。

一　消费社会的符号意识形态操控

在西方马克思主义讨论消费异化的基础上，鲍德里亚认为当代资本主义社会实际上成为消费社会，消费控制着现代人的全部生活，[①] 包括人的精神世界。当代社会的物品究竟有何魔力以至于人们自愿受其操控呢？这是鲍德里亚（也译作让·波德里亚、尚·布希亚）首先思考的问题，他在《物体系》（1968）中初步给出了答案。

在鲍德里亚看来，消费社会的商品具有功能性和意义性两个维度。功能性是指商品满足了人们的物质需要，例如人饿了就要吃食物，食物满足了人们的具体性的功能性的需要。消费社会的商品除了满足人们功能性的需要之外，还指向物品的意义。[②] 也就是说，在功能性维度之外，资本主义社会的物还具有意义性向度，它不是外在的、功能性的，而是指向物的内在的、非功能性的价值层面。这种非功能性的价值以符号的形式体现出来，这种符号的体系、意义的体系构成了消费社会的商品的一个重要方面，鲍德里亚称之为"物体系"。在消费社会，资本家要想使自己的产品尽快被人们消费，就要给其产品创造出迎合人们需要的意义，符号所代表的意义成了人们消费的对象。[③] 这就是现如今的名牌产品要比普通商品价格贵很多的原因之一，因为人们更看重的是这种商品带给他的象征着社会地位和身份的"意义"。

这样，在鲍德里亚看来，人们消费商品就变成了消费符号，人们的消费也变成了符号消费，符号成了消费社会的意识形态符码。消费领域正是意识形态形成和发挥功能的地方。[④] 那么消费社会是如何通过符号进行意识形态操控的呢？

（一）利用需求策略把人打造成"欲望的机器"

在马克思的政治经济学批判中，生产和消费是一个过程的两个环节，消费只是经济运行的其中一个环节。而从西方马克思主义法兰克福学派开

① 〔法〕让·波德里亚：《消费社会》，刘成富、全志钢译，南京大学出版社，2000，第6页。
② 〔法〕尚·布希亚：《物体系》，林志明译，上海人民出版社，2001，第99页。
③ 〔法〕尚·布希亚：《物体系》，林志明译，上海人民出版社，2001，第223页。
④ 〔法〕让·波德里亚：《消费社会》，刘成富、全志钢译，南京大学出版社，2000，第14页。

始，人们在研究消费时超出了经济学领域，开始从意识形态的角度审视它。马尔库塞就是其中的代表，他对人类的需求进行了区分，认为人们的需求包括真实的和虚假的两种，揭示了虚假需求蕴含着的意识形态本质。后马克思主义者鲍德里亚在马尔库塞等人的基础之上前进一步，他认为不但虚假需求甚至需求本身都是这个社会的意识形态布设的概念和陷阱，消费符号激发的欲望将阶级之间的鸿沟填平，虽然人们在消费商品时显得平等，但这只是在使用价值面前的平等，其实在交换价值面前人们并不平等，就好比工人和资本家都可以享用牛排的使用价值，从表面上看二者是平等的，其实则不然。①

因此，人一旦落入使用价值或需求的圈套，有关社会平等与否的真实意义就会被掩蔽起来，在有用和需要的引诱下，消费者被打造成欲望无穷的机器，任何人都难逃"大写的需求"这双"魔爪"，成为被消费意识形态之网所捕获的猎物。

（二）利用编码策略制造"孤独聚生"效应

在消费社会中，商品的意义性向度取代功能性维度，成为人们消费的主要目的，商品的自然性能也被符号功效所代替，一整套严谨的系统编码被安置在消费行为之上。人们在消费活动中被编码区隔为不同的群体，这种区分表面上易于识别个体的身份，使社会上出现了消费的个人主义或者许多具有共同特征的消费群体。②

这种情况表面上似乎不利于社会稳定和操控，但其实它的最终结果是，人们在消费活动中经过服从消费程序的规定，个体的思想分化了，以至于作为消费者的大多数人会重返孤独和寂寞，他们只是偶尔因为特殊的原因才聚集在一起，比如家庭成员一起欣赏电视节目，不同的人走进电影院看电影或者是在体育场观看体育比赛等。③ 而且，在鲍德里亚看来，这种"孤独聚生"效应并不会形成某种形式的"同盟"或者"联合"。比如，驾车汽车的人都反对征收汽车税，但并没有形成联盟；千千万万的电视观众都反

---

① 〔法〕让·波德里亚：《消费社会》，刘成富、全志钢译，南京大学出版社，2000，第34页。
② 比如，在当今中国年轻人中出现的"哈韩族""哈日族"，等等。
③ 〔法〕让·波德里亚：《消费社会》，刘成富、全志钢译，南京大学出版社，2000，第76~77页。

感电视广告，但并没有联合起来表达对电视广告的不满，无聊的电视广告依然存在，并且越来越多。

鲍德里亚指出，消费者在追求符号意义的消费中，各自服从着符号编码和消费规则的操控，难以形成团结的氛围。[①] 从中我们可以明显感受到鲍德里亚对于传统阶级"消亡"后的一种极度的悲观主义情绪。

（三）利用驯化策略同化个体的消费行为

鲍德里亚认为，消费行为表面看是消费者个人的自主行为，似乎在这一私人领域很少受到社会规则的约束，但其实不然，这通常只是人们的自主想象罢了。人们在消费过程中，不断服从着社会的道德约束、制度规定和价值体系，人们消费的过程也是接受社会驯化的过程。[②] 总之，消费社会是用消费来进行有组织地、系统性地"社会驯化"的社会。比如现代信用制度就是社会经济系统的驯化机制，它强制消费者进行积储和经济盘算，目的是开发出消费者的消费力，创造出更多的"消费人"来为资本主义社会的发展作贡献。

（四）利用附加策略强化人们消费的意义

鲍德里亚认为，在消费社会中，统治阶级为了自己的利益需要，往往会通过各种手段刺激人们去消费，人们的消费行为往往会被赋予更多的意识形态意义。比如，当一个国家和政府需要人们的消费来促进国家的经济发展时，往往会赋予人们的消费行为以"爱国"的意义，并通过社会舆论营造一种消费就等于爱国的社会心理环境，这时，消费被附加了"爱国"的意义，消费者也就成了爱国者，消费成为一种公民约束的范畴。这种附加策略的作用是非常强大的，例如，艾森豪威尔在担任美国总统时为了刺激经济发展，就曾大力鼓动民众消费，以至于当时在美国形成了"消费就是爱国"的社会心理氛围，鼓励公众消费为美国社会带来了经济的快速繁荣发展。[③]

---

① 〔法〕让·波德里亚：《消费社会》，刘成富、全志钢译，南京大学出版社，2000，第78页。
② 〔法〕让·波德里亚：《消费社会》，刘成富、全志钢译，南京大学出版社，2000，第72页。
③ 李明：《后马克思主义意识形态理论研究》，人民出版社，2011，第77页。

二　符号拜物教批判

（一）从商品拜物教到符号拜物教

马克思开展社会批判的主要成果，就是通过揭秘各种神秘化现象而发现各种"拜物教"，比如商品、货币和资本。在马克思的理论中，人们那种把某种事物奉若神明的做法就被喻作"拜物教"。马克思指出："在论述资本主义生产方式甚至商品生产的最简单的范畴时，在论述商品和货币时，我们已经指出了一种神秘性质，它把在生产中由财富的各种物质要素充当承担者的社会关系，变成这些物本身的属性（商品），并且更直截了当地把生产关系本身变成物（货币）。一切已经有商品生产和货币流通的社会形式，都有这种颠倒。"① 即是说，拜物教的生成出自劳动和交换流程中的两次被"倒置"行为。在《资本论》中，马克思分析了私有制商品经济条件下私人劳动与社会劳动之间的矛盾通过商品、价值、货币的运动决定着商品生产者的命运，使得商品生产者认为商品、价值、货币等超出了物的自然属性具有了某种超自然的魔力，商品生产者只能任凭其摆布，人与人之间一定的社会关系在人们面前采取了物与物的关系的虚幻形式，马克思称之为"商品拜物教"。资本主义社会商品拜物教产生的根源在于：其一，劳动产品只有采取商品的形式才能进行交换，在交换中人类劳动的等同性只有采取同质的价值形式才能体现出来；其二，劳动量只有采取价值量这一物的形式才能进行计算和比较；其三，人们劳动的社会性质只有采取商品交换的形式才能间接地表达出来。这就使人与人之间一定的社会关系被物与物的关系所掩盖，具有了拜物教性质。②

马克思的上述思想对鲍德里亚的符号消费研究产生了重要影响。鲍德里亚把马克思的商品拜物教理论放到符号学的视域内进行研究，既继承又改造了马克思的思想。鲍德里亚认为消费社会中的商品不仅具有使用价值，而且最特别的是，它同时还具备符号价值和交换价值。③ 而且，在当今社会，符号的意义更加突出，人们对符号的膜拜已经超过了之前对商品的崇

---

① 《马克思恩格斯文集》（第7卷），人民出版社，2009，第936页。
② 本书编写组编《马克思主义基本原理》，高等教育出版社，2023，第192~193页。
③ 〔法〕让·鲍德里亚：《符号政治经济学批判》，夏莹译，南京大学出版社，2009，第2页。

拜，一种新的更具威力的拜物教形式出现了。

由于在现实中物品的符号意义代替它的有用性和交换性，变成了人们追求的目标，所以在鲍德里亚这里也出现了两次"颠倒"：消费是为了获得意义和身份，这是第一次"颠倒"；符号具有价值和意识形态功能，使主体和客体发生了再一次"颠倒"。阿尔都塞曾指出，主体以在场的想象性的关系被意识形态建构，鲍德里亚进一步指出，在符号意义被凸显后，商品以符号的表面形象掩盖了其背后深藏的意识形态，使主体和客体的关系愈发模糊，主体在符号意义面前丧失了自己的想象力，主体在符号中隐遁了，客体符号成了决定世界与物的关键性因素。

有学者评论说，鲍德里亚在阐明符号拜物教的同时，宣告主体对客体的支配计划失败，相反，客体制约主体的图谋成功。[1] 这道出了鲍德里亚符号拜物教的内涵。

(二) 对马克思拜物教理论的"超越"

鲍德里亚考察了拜物教的发展历史，早期的图腾、中期的上帝、后期的人都是人类社会历史发展中人们所膜拜的对象。鲍德里亚指出，虽然各个时期人们崇拜的对象不同，拜物教的性质也不同，但有一点是相同的，那就是人们都是以理性的方式来看待身外的世界。传统拜物教理论（包括马克思的拜物教思想）都预先假定了一个未被异化的主体或者类本质，都没有跳出理性主义的人类学的牢笼。鲍德里亚认为，这种先验的"主体性"存在和道德意义"悬设"，它只是有利于意识形态的再生产，还不足以构成整个意识形态批判的基础。

因此，鲍德里亚武断地认定马克思的拜物教也犯了这样的错误：马克思将拜物教作为颠倒的意识抬升为社会上层建筑，扩展了资本主义和意识形态的再生产理论。[2] 在鲍德里亚看来，马克思的拜物教理论仍然没有摆脱资本主义的意识形态，虽然它批判了资本主义社会，但它实际上恰恰是资本主义意识形态的产物。[3] 所以，鲍德里亚断定，过去的批判并不成功，现

---

[1] 〔美〕斯蒂芬·贝斯特、道格拉斯·科尔纳：《后现代转向》，陈刚等译，南京大学出版社，2002，第131页。

[2] 〔法〕让·鲍德里亚：《符号政治经济学批判》，夏莹译，南京大学出版社，2009，第76页。

[3] 仰海峰：《走向后马克思：从生产之镜到符号之镜》，中央编译出版社，2004，第178页。

在只有从符号学的角度才能开展更加彻底的批判。

（三）符号拜物教的意识形态批判

鲍德里亚认为，引导人们对符号的消费正是资本主义创造的"传奇"。也就是说，符号成了人们融入社会的通行证和护身符，影响着资本主义社会人们的生活方式和价值认同，人们接受符号的过程实质是被资本主义意识形态奴化的过程。通过符号的操控过程和符号的编码过程，现代社会的拜物教变成了符号拜物教。

由于当代资本主义社会的符号发挥着意识形态的操控功能，符号成为拜物教并维持着资本主义的生产和发展，因此，必须对这种符号的拜物教进行彻底批驳。鲍德里亚认为自己的与之前的（包括马克思的）政治经济学理论，都无法承担揭露资本主义的意识形态功能的重任，因为在鲍德里亚看来，他的符号政治经济学是对古典的政治经济学的批判精神和形式上的继承，"符号的形式与商品的形式是相同的"。[①] 它们形式上相同，但是各自的研究内容不同。符号政治经济学的研究内容侧重于符号价值，古典政治经济学偏重于交换价值，它们内容不同，但形式却是相同的，符号政治经济学批判必须被超越。同时，他也认为，马克思的政治经济学（更确切地说是商品拜物教）也是资产阶级意识形态的一种，一定意义上巩固了资本主义社会体制。[②] 鲍德里亚认为，马克思也没有脱离资本主义的逻辑控制，他在开展拜物教批判的同时其本身恰恰成为资本主义的意识形态。因此鲍德里亚才认为自己的符号政治经济学和马克思的政治经济学都无法揭露资本主义意识形态的功能。

那么，什么样的理论才能真正揭露资本主义的意识形态呢？鲍德里亚转而求助并借鉴了罗兰·巴特的符号学理论。巴特认为符号包括符号价值（能指）和符号形式（所指），与此对应，鲍德里亚把商品的使用价值理解为所指，把商品的符号价值理解为能指，现代拜物教不是所指（实体）拜物教，而是能指（符号）拜物教。因此，鲍德里亚认为，在消费社会，要着重批判符号价值意识。换句话说，现阶段要批判资本主义的意识形态，就得借用符号学原理，对符号在资本主义社会的运用机制进行批判，创建

---

① 〔法〕让·鲍德里亚：《符号政治经济学批判》，夏莹译，南京大学出版社，2009，第120页。
② 〔法〕鲍德里亚：《生产之镜》，仰海峰译，中央编译出版社，2005，第136页。

符号学视角的政治经济学理论。

三 符号政治经济学批判：走向"象征交换"

（一）多样化的价值结构

鲍德里亚在创立符号政治经济学时，对西方政治经济史进行了研究，指出了其不同的发展历程：第一个阶段是资本主义社会之前的阶段，那时生产力水平不高，没有太多的东西可供人们交换；第二阶段是资本主义产生后及其初步发展时期，全部的社会产品和服务用来交换的阶段，这也是马克思研究的阶段；第三个阶段就是鲍德里亚自己研究的消费社会时期，这个阶段可用来交换的内容相当多，一般的物品、符号、信息，甚至"德行、爱、知识"都可以用来交换和出卖。

基于此，鲍德里亚提出新的多样化的价值结构，包括使用与交换、符号与象征共四个方面的价值维度，并且指出，使用价值和交换价值是马克思主义政治经济学主要探讨的内容。但在鲍德里亚看来，符号价值和象征价值比使用价值和交换价值更为重要，为了更好地批判资本主义政治经济学，只是探讨商品的使用价值和交换价值是远远不够的，还应该揭示其他两个方面的价值，[①] 这就是马克思所没有考虑到的符号价值和象征价值。

（二）符号政治经济学的形成及其缺陷

鲍德里亚对马克思所使用的使用价值和交换价值这两个概念提出了怀疑并发起诘难。鲍德里亚认为，马克思提出使用价值概念时，与其他经济学家一样，只是强调物品对人的有用性，马克思限定在生产的视角研究资本主义社会经济规律，仍然没有彻底摆脱资本主义的意识形态的影响。鲍德里亚的目的是要抛弃马克思创制的"使用价值"和"交换价值"这两种价值形式，转而强调一种新的价值形式——符号价值，从而创立了"符号政治经济学"，符号价值研究可作为发展马克思主义政治经济学的有益"补充"。

前面已经分析指出，鲍德里亚主要研究符号价值，而马克思侧重于探究交换价值。尽管二者研究的内容不同，但形式上却是相同的，符号政治

---

① 〔法〕鲍德里亚：《生产之镜》，仰海峰译，中央编译出版社，2005，第1页。

经济学和符号价值实质上仍属于政治经济学领域，"符号"本身依然暗含着价值。鲍德里亚认为符号政治经济学只是价值规律在符号学的延伸，要彻底摆脱资本主义制度的影响，需要求助于一种新的"价值结构"[1]，所以，要对前期自己创立的符号政治经济学进行再批判。

那么，从鲍德里亚的价值结构来看，符号政治经济学有哪些方面的问题呢？在鲍德里亚看来，使用价值、交换价值和符号价值只是为了言说政治经济学而聚集而成的一种复杂的理论方式，并没有颠覆政治经济学，[2] 而象征价值只是一种试图超越交换价值和符号价值而布控出来的交换关系而已，并不能算作真正的价值，它只能在符号政治经济学批判中呈现出来。

（三）象征交换理论

按照鲍德里亚的上述思路，象征价值和象征交换（symbolic exchange）并不包含在政治经济学范畴之内，只是为了符号政治经济学批判的需要，从本质上说，它也表达着另一种人际关系，只不过被当今社会所掩盖了。[3] 在鲍德里亚看来，象征交换具有"非生产性"、"可逆性"和"象征性"的特点。"非生产性"是指，象征交换是处于资本逻辑和生产逻辑及其价值体系之外的活动，它不是为了获取利润，不涉及凝聚了使用价值和交换价值的商品，不适合等价交换原则。"可逆性"是指，象征交换是给予和接受的不间断的循环（馈赠礼物—接受礼物—回赠礼物），是互惠可逆的。"象征性"是指，礼物代表着情感的投入，它把交换的物质要素转化为情感交流的象征性要素，是馈赠者生活和人际关系的特有体现。[4] 与资本主义社会中的各种关系相比，象征关系具有优势。因为在象征交换过程中，用来交换的礼物是简单明确的，礼物的重要性取决于人们之间的情感和社会关系，也就是说礼物是否贵重并不重要，重要的是人们之间的情感联络。但现在的情况就不一样了，在消费社会中，情况发生了逆转：物作为一种商品，被赋予了交换价值和符号价值，物的意义已经变得复杂，似乎物的贵重体现着人的价值和地位，人被按照物的贵重标准来对待和衡量，人们相互之

---

① 〔法〕让·波德里亚：《象征交换与死亡》，车槿山译，译林出版社，2006，第290页。
② 〔法〕让·鲍德里亚：《符号政治经济学批判》，夏莹译，南京大学出版社，2009，第144页。
③ 〔法〕让·波德里亚：《象征交换与死亡》，车槿山译，译林出版社，2006，第206页。
④ 李明：《后马克思主义意识形态理论研究》，人民出版社，2011，第87~88页。

间的关系在物品面前变得浑浊不明。于是，在鲍德里亚看来，当今消费社会是象征性沦丧的社会，象征交换关系被当代社会所破坏，[①] 但鲍德里亚又认为这种关系并没有彻底丧失，还有可能被重新建立起来。

（四）评价：走向了"悲观"和"虚无"

从上述分析我们可以看出，鲍德里亚的象征交换理论已经远远偏离了马克思主义理论。正像有学者指出，"鲍德里亚在其思想的肇始之处就已经告别了西方马克思主义"的传统理论，他强调的"是一种来源于'他者'社会的反物质性的象征关系"，他不仅受巴特、列斐伏尔、德波等人思想影响，还借用了"莫斯基于原始社会分析提出的象征交换观念，甚至还有巴塔耶对物性生产批判的'草根浪漫主义'"[②] 的思想。可以说，鲍德里亚的象征交换理论和符号意识形态批判理论，充分体现了鲍德里亚试图摆脱现代性原则而寻求一种异质性（"他者"）理论的努力，试图返回到原始的象征交换行为中，寻找资本主义社会的根本否定力量（一种符号政治经济学系统之外的符号反叛和文化革命），追求一种透明的人际关系。在《生产之镜》（1973）中，鲍德里亚将他的反抗理想与当时的文化革命计划联系起来，认为黑人、妇女及同性恋等边缘群体的反抗比无产阶级、社会主义者更具有破坏力和颠覆性。从这里开始，鲍德里亚与马克思的阶级理论彻底地分开了，但鲍德里亚始终没有提出任何明确的政治斗争和革命实践方案。在《象征交换与死亡》（1976）中，鲍德里亚虽然认为象征交换关系的构建具有独特的革命性，但同时也表达了现实资本主义是不可能构建起象征交换关系的，甚至提出要终结政治经济学，只有尝试和直面死亡。[③] 难道"死亡"就能终止资本主义的存在和发展吗？

鲍德里亚的象征交换理论只是一种不切实际的乌托邦设想，虽然他一直进行着理论努力，试图寻找到一条摆脱资本主义符号意识形态操控的办法，帮助人们寻回在消费社会中迷失了的本真的自我，这是值得肯定的地方，但鲍德里亚指给我们的超越之路却是一条"死亡"之路，根本无法用

---

① Mike Gane ed., *Baudrillard Live*: *Selected Interviews*, London & New York: Routledge, 1993, pp. 93-94.

② 张一兵主编《当代国外马克思主义哲学思潮》（下卷），江苏人民出版社，2012，第40页。

③ 〔法〕让·波德里亚：《象征交换与死亡》，车槿山译，译林出版社，2006，第290页。

象征交换来变革现实。① 面对资本主义现实，鲍德里亚固执地停留在符号王国的批判中，把一切人类文明都看作符号的统治结果，符号本身已经失去了任何根基，处在自身的演绎当中，尤其是在电子媒介时代的"0""1"符码的编织下，在拟像、仿真造就的超真实的虚幻中，最终"他者"和历史都终结了，鲍德里亚最终走向了彻底的"悲观"和"虚无"。

值得注意的是，对于鲍德里亚的这种虚无主义，后马克思主义的另一位代表拉克劳表示不赞同，但同时也保留了对虚无主义的保守看法。拉克劳指出，虚无主义提供给了人们一次摆脱统治和限制、批判启蒙理性、追求自由的好契机。② 那么，拉克劳为什么会这么说？他的思想与鲍德里亚有什么区别吗？为了寻求答案，我们接下来就详细探讨拉克劳和墨菲的话语政治的意识形态理论。

第二节　拉克劳、墨菲话语政治的意识形态批判

恩斯特·拉克劳和查特尔·墨菲在其合著《领导权与社会主义的策略——走向激进民主政治》（1985）中首次称自己的理论为"后马克思主义"。按照国内学者曾枝盛的归纳，他们的后马克思主义观点体现在以下几个方面：其一，否定无产阶级的作用和历史地位；其二，否认社会主义的实现具有历史的必然性；其三，否认经济决定论；其四，否认传统的关于社会形态的分类；其五，主张实现一种新的"话语霸权"（话语领导权）；其六，主张用激进的多元民主来重建社会主义的革命理论。③ 总之，拉克劳和墨菲所提出的后马克思主义完全不同于过去传统的马克思主义核心观点，在一定程度上对马克思主义理论发起了挑战。

一　话语在政治和社会中的作用凸显

拉克劳和墨菲基于"后马克思主义"的立场，对传统的意识形态理论进行了反思，对传统的马克思主义理论的核心范畴进行了解构和颠覆。他

---

① 李明：《后马克思主义意识形态理论研究》，人民出版社，2011，第89页。

② 〔英〕恩斯特·拉克劳：《我们时代革命的新反思》，孔明安、刘振怡译，黑龙江人民出版社，2006，第4页。

③ 曾枝盛：《后马克思主义思潮评介》，《教学研究》2003年第7期。

们也曾明确地表示，他们新创立的理论就是对马克思主义学说进行与时俱进的重读，并对其理论核心观点进行解构。[①]

拉克劳和墨菲主张，要拯救马克思主义和社会主义事业，就必须祛除传统马克思主义存在着的"本质主义的最后堡垒"——"经济决定论"，及其在意识形态上的反映——"阶级还原论"。

在拉克劳和墨菲看来，政治和经济之间、意识形态和阶级性之间没有必然的联系，相反，话语才是构成政治和社会的基础。话语是理解意识形态、理解一切社会关系的核心，是社会中不同群体间争夺意识形态主导地位（领导权）的斗争领域，话语建构政治和社会。正如拉雷恩指出，每个阶级都想把自己的思想和意图描述成社会所有人的意志，以使自己阶级的意识形态话语获得大众认同。[②] 也就是说，现在不再是传统上的意识形态围绕着阶级产生，而是阶级和政治围绕着意识形态形成。其中，话语起了至关重要的作用。

这样，拉克劳和墨菲就把意识形态批判的重点转移到了话语领域，领导权在其中处于核心地位，领导权是"链接"话语、影响社会认同的关键因素。因此，意识形态批判就是不同社会群体争夺话语领导权的过程。一句话，拉克劳和墨菲的意识形态批判是围绕着话语领导权理论展开的。

二　非阶级的意识形态

20世纪七八十年代以来，当代发达资本主义国家的经济、社会和政治领域出现了一系列新变化：在经济领域，现代科技的运用使知识经济快速发展，资本主义国家对经济的调控能力增强，全球化趋势日益明显；在社会领域，社会分工精细化，专业技术人员和企业管理人员的数量增加，他们的社会地位得到提升，另外资本主义国家采取了高福利政策，使阶级矛盾和阶级对抗出现了一定程度的缓和；在政治领域，传统的工人阶级大规模反抗资本主义的运动不再出现，即便是在经济危机爆发的年代也没有出现马克思所预言的无产阶级革命，反而出现了女权主义运动、生态主义运

---

① Ernesto Laclau & Chantal Mouffe, *Hegemony and Socialist Strategy: Towards a Radical Democratic Politics*, New York: Verso, 1985, p. ix.

② 〔英〕拉雷恩：《意识形态与文化身份：现代性和第三世界的在场》，戴从容译，湖南人民出版社，2005，第102页。

动、反种族主义运动、和平运动等各种新的对抗形式。历史的发展似乎表明，资本主义的阶级分布状况并没有引起两极分化，资本主义社会日渐成为一个利益多元化、价值差异化的社会。据此，拉克劳和墨菲对马克思的阶级斗争理论和"两个必然"的历史逻辑产生了怀疑。他们认为："工人阶级作为'变化的历时性力量'的观念不再有效了。"[①] 这个观点在他们的意识形态理论中也得到了体现。

总体来看，拉克劳和墨菲认为意识形态并不必然体现着阶级性特征。他们指责马克思、恩格斯、列宁、卢卡奇、马尔库塞等人的意识形态理论都建立在整个社会的阶级二元对立的基础之上，导致意识形态也变成了资产阶级的和无产阶级的二元对立，这就致使复杂的意识形态问题简单化了。

众所周知，按照马克思主义理论，阶级性是意识形态的根本特征。意识形态总是一个阶级，尤其是统治阶级利益在观念上的直接或间接的反映，是一种阶级自觉的理论体系，政治的和意识形态方面的争斗终归是围绕着阶级斗争而展开的。

然而拉克劳和墨菲却坚定地不认可这种阶级还原论思想，他们认为意识形态并不是线性地对应着某个阶级，二者之间不存在必然的联系。拉克劳和墨菲之所以会有这样的结论，原因在于拉克劳和墨菲的意识形态批判理论是在对葛兰西、普兰查斯、阿尔都塞等人的意识形态理论进行批判性考察的基础上得来的。

（一）对葛兰西思想的"误读"式阐发

在拉克劳和墨菲前期的思想中，"葛兰西的中介是至关重要的"，正是在这个意义上，拉克劳和墨菲通常被称为"新葛兰西主义"，但是葛兰西的思想却遭到了拉克劳和墨菲"误读"式的阐发。

拉克劳和墨菲认为葛兰西对马克思的思想进行过许多方面的篡改和替换。首先是对意识形态概念的替换。葛兰西的意识形态概念，并不是作为虚假意识的反映和思想观念体系的表达，而是把不同社会集团的利益通过

---

① 周凡、李惠斌主编《后马克思主义》，中央编译出版社，2007，第58页。

"链接"的方式联合在一起。① 其次是对总体性范畴的替换。葛兰西打破了传统的社会结构概念，提出经济基础与上层建筑之间并不是简单的对应关系。最后，最根本的是阶级还原论思想也被葛兰西篡改。在葛兰西看来，阶级并不是政治的唯一主体，不同集团的利益整合最终决定着政治主体的产生。②

拉克劳和墨菲一方面对葛兰西的理论创新进行了肯定，另一方面也觉得在葛兰西的思想中仍存在着本质主义因素。葛兰西的思想存在着矛盾因素，葛兰西觉得工人阶级成为政治主体既具有偶然性也具有必然性特征。③因此，在拉克劳和墨菲看来，葛兰西较之前的思想家来说虽然前进了一步，但仍然没有摆脱本质主义的束缚。

不难看出，拉克劳和墨菲已经将自己的后马克思主义观点非法性地"投射"到了葛兰西身上。实际上，葛兰西的意识形态理论是理论和实践的统一，具有实践性、斗争性、阶级性、总体性等特征。葛兰西是要在反对现代资本主义意识形态的同时，发挥教育在文化上的功能，组成无产阶级独立的知识分子集团，并且认为马克思主义是哲学、经济学和政治学相统一的理论。所以，葛兰西的"整体的、有机的"意识形态理论具有极强的斗争性和实践性，绝非一种简单的"话语行为"或"话语实践"，也不是一种"政治＝意识形态＝社会"的泛意识形态逻辑的体现。拉克劳和墨菲对葛兰西的思想作了符合自己理论需要的阐述，显然偏离了葛兰西思想的实质。

（二）对普兰查斯结构主义总体的意识形态的批判

拉克劳和墨菲认为葛兰西思想中具有本质主义残余，因此必须要"超越葛兰西"。这样，拉克劳和墨菲将目光转向了另一位结构主义的马克思主义思想家——阿尔都塞的学生——尼科斯·普兰查斯的意识形态理论。

其实，拉克劳早在1977年就开始了这项工作。通过研究，他认为普兰

---

① 〔英〕恩斯特·拉克劳、查特尔·墨菲：《领导权与社会主义的策略——走向激进民主政治》，尹树广、鉴传今译，黑龙江人民出版社，2003，第72~73页。

② 〔英〕恩斯特·拉克劳、查特尔·墨菲：《领导权与社会主义的策略——走向激进民主政治》，尹树广、鉴传今译，黑龙江人民出版社，2003，第75页。

③ 〔英〕恩斯特·拉克劳、查特尔·墨菲：《领导权与社会主义的策略——走向激进民主政治》，尹树广、鉴传今译，黑龙江人民出版社，2003，第77页。

查斯的意识形态理论突破了经济本质主义的局限，具有新的特征：首先，意识形态由各种不同的意识形态要素构成，这些意识形态要素可以被拆解开来，并被不同种类的意识形态所共享；其次，任何社会中的意识形态都是由各种异质要素组装而成的复合体；最后，一种意识形态往往在不同的社会被"改编"成"有用"的意识。

拉克劳认为普兰查斯意识形态的上述这些特征是对传统马克思主义意识形态的一次大胆突破，在消解意识形态分析的经济基础决定和阶级还原方面无疑做出了重大尝试，然而普兰查斯仍然难以跳出经济本质主义和阶级还原论的窠臼。具体而言，普兰查斯运用结构主义的方法研究意识形态，认为意识形态是由众多要素构成的结构性总体。那么，在这种结构性总体中，众多的意识形态要素是如何被统一起来的呢？拉克劳认为，普兰查斯在寻找整合意识形态要素统一性的工具的时候仍然固守阶级还原论。普兰查斯在论述意识形态时，主张所有的意识形态要素必然具有阶级归属，它们仍然是一种本质主义的结合，这使得意识形态本身的能动性和建构力量大大地被削弱了，因此，拉克劳认为，彻底清除阶级还原论思想残余，重建意识形态理论，已经迫在眉睫了。[1]

（三）"新葛兰西主义"意识形态的主要观点

综观拉克劳和墨菲的意识形态理论，他们是在继承和发展葛兰西的领导权基础上根据时代出现的新变化发展了马克思主义，但同时也解构、偏离了马克思主义的基本原理。他们的意识形态理论主要有以下几方面内容。

第一，消解"阶级主体"，强调意识形态的"非阶级性"。20 世纪末，随着资本主义的发展，当代资本主义社会呈现了一些新的改变。传统的工人阶级已经"消失"了，当代资本主义社会出现了"阶级"的多样化，也就是说，阶级主体并不是唯一的主体，出现了被建构的多元的主体。这样，拉克劳和墨菲指认意识形态的"非阶级性"，就使得马克思主义在当代具有合适的解释力，他们一方面仍然关注着马克思主义未来发展，另一方面却也毫无余地消解了"阶级主体"。正如有学者指出，在拉克劳和墨菲的眼中，传统马克思主义的政治主体是被预先设定的阶级主体，而实际上，这

---

[1]　Ernesto Laclau, *Politics and Ideology in Marxist Theory*, London: NLB, 1977, p.97.

种被建构的主体只能是毫无意义的幻想。① 其实，拉克劳和墨菲是要依据新时代的变化，斩断意识形态与阶级之间的必然联系。

第二，意识形态构成要素可以被"链接"或者"结合"（articulation）成不同的意识形态话语，意识形态的形式（而不是它的内容）决定其性质。拉克劳举例说，"民族主义"可以是封建的，也可以是资产阶级的或无产阶级的，既可以被资产阶级用来反对封建社会的地方主义，也可以被无产阶级用来反对帝国主义。同样的道理，自由主义在不同地方与不同的思想相结合也会产生不同种类的意识形态，比如在西方发达国家它是资产阶级性的，而在亚非拉等地区它可能变得既具有封建性又具有地主性。因此，阶级就是在具体的话语形式中通过把不同的意识形态构成要素结合而形成的。② 这样，意识形态和特定的阶级利益之间并不是绝对的一一对应关系。自由主义并不必然代表资产阶级的利益和意识，同样，马克思主义也不一定对应着工人阶级的意识。意识形态的阶级性取决于特定情境中不同的话语形式，而不是取决于它的内容。

第三，意识形态塑造着"阶级"，而不是相反。正因为不同的意识形态要素通过"接合"而成意识形态话语，社会运动中不同的社会群体通过"接合"才组成各种社会力量。因此，在拉克劳和墨菲看来，意识形态的性质不取决于其属于哪个阶级，相反，不同意识形态间的对话和链接是形成"阶级"的重要前提。拉克劳指出，任何阶级都会把自己的阶级意志表述成社会所有成员的共同目标，而使自己阶级的意识形态话语获得大众的认可。③

很显然，拉克劳和墨菲把传统马克思主义关于意识形态与阶级的关系颠倒了过来：不是阶级决定意识形态，而是反转过来，后者塑造着前者。当然，这种被形塑的"阶级"与传统马克思主义的阶级概念不相等同，它只不过是一种在话语链接中临时缝合起来的不一定紧密的政治群体或意识

---

① 〔斯洛文尼亚〕斯拉沃热·齐泽克等：《图绘意识形态》，方杰译，南京大学出版社，2006，第234页。

② Ernesto Laclau, *Politics and Ideology in Marxist Theory*, London：NLB, 1977, p. 99.

③ Ernesto Laclau, *Politics and Ideology in Marxist Theory*, London：NLB, 1977, p. 109.

形态认同体罢了。[①]

这样，经典马克思主义的阶级斗争观点被拉克劳和墨菲用意识形态所取代，在他们的运作下，马克思的"对立"的阶级政治演变成意识形态的"对抗的政治"。或者说，在拉克劳和墨菲看来，意识形态的主要目的是强调人们对话语领导权的争夺。

三　话语领导权理论

拉克劳提出，政治主体由话语组成。[②] 在当代资本主义社会，不存在严格的政治主体或者阶级，倘若阶级一定存在的话，也一定是不同的社会行为主体通过话语链接而形成的话语阶级。因此，在拉克劳和墨菲看来，主体成了话语主体而不再是阶级主体，意识形态是不同主体通过话语"接合"的产物。那么什么是话语（discourse）呢？

（一）话语的定义及特征

拉克劳和墨菲在《无怨无悔的后马克思主义》（1987）一文中详细探讨了话语，该文收录在拉克劳的《我们时代革命的新反思》（1990）一书中。

首先，话语是一种社会空间的构造概念。在拉克劳和墨菲看来，话语不是纯粹语言学概念，而是社会学概念，话语包括言语和行动两个方面，人们的言语及语言环境共同组成了"话语"。[③] 所以，话语是社会空间概念，在一定意义上，社会空间是由话语空间组成的。

其次，话语是差异化的"碎片"之间的偶然结合。拉克劳和墨菲认为，虽然单个的话语看似是总体性的，是自由的和随意的，但是整个社会的话语却是消解总体性的"碎片"，它就像是"漂浮的能指"（floating signifier）一样，在具体语境中通过某种偶然性的链接把差异化的"碎片"结合而形成社会化的话语空间，作为社会存在而影响社会的发展。

最后，话语具有塑造和建构社会关系的功能。拉克劳和墨菲把话语看

---

① 周凡：《后马克思主义的政治概念——论拉克劳与莫菲对激进政治的重构》，《吉林大学社会科学学报》2006 年第 6 期。

② Ernesto Laclau, *Politics and Ideology in Marxist Theory*, London：NLB, 1977, p.169.

③ 〔英〕恩斯特·拉克劳：《我们时代革命的新反思》，孔明安、刘振怡译，黑龙江人民出版社，2006，第 121 页。

作差异链（不同意义链）的"接合"，话语本身通向某种总体性的建构，话语建构出一致的社会行动。拉克劳和墨菲以足球为例来说明他们的话语理论。当一提到踢足球，人们不仅想到在大街上玩一个球状的物体，而且马上会联想起一整套的足球比赛规则（包括球员与足球、裁判与观众等）。这是一个由足球这一词语建构起来的复杂的总体性的关系体系。拉克劳和墨菲说："这套关系体系就是我们所说的话语。"① 这句话反过来即表明，话语具有塑造和构建社会关系的功能。后来，拉克劳和墨菲把话语表述为：各个不同要素间相互联系形成链接，通过链接而达成一致的总体实践结果就是话语。②

总之，拉克劳和墨菲的话语，既是解构性的，又是结构性的；既是碎片性的，又是总体性的；既是单一性的，又是复合性的；既是分散性的，又是结构性的。③

（二）话语领导权的内涵与实质

拉克劳和墨菲在《领导权与社会主义的策略——走向激进民主政治》一书中构建了一种新的话语领导权思想，并奠定了其激进多元民主政治思想的理论基础。总之，拉克劳和墨菲排斥一切本质主义和普遍主义的东西，强调领导权是意识形态和话语的"缝合"。

首先，话语领导权理论反对经济本质主义，强调偶然性的逻辑。拉克劳和墨菲在批判地"吸收"葛兰西文化领导权理论的基础上形成了话语领导权理论，他们认为从马克思到葛兰西再到阿尔都塞的整个马克思主义传统，都存在着经济决定主义、逻辑中心主义的倾向。拉克劳和墨菲认为，马克思主义过分强调劳动生产和阶级斗争，呈现出"一元论"和本质主义的逻辑规律。④ 在拉克劳和墨菲看来，经济是本质主义的最后堡垒，所以，必须彻底将之攻破，才能构建话语领导权理论。他们认为传统马克思主义

---

① Ernesto Laclau & Chantal Mouffe, *Hegemony and Socialist Strategy*: *Towards a Radical Democratic Politics*, London: Verso, 2001, p. 105.
② 〔英〕恩斯特·拉克劳、查特尔·墨菲：《领导权与社会主义的策略——走向激进民主政治》，尹树广、鉴传今译，黑龙江人民出版社，2003，第114页。
③ 李明：《后马克思主义意识形态理论研究》，人民出版社，2011，第168页。
④ 〔美〕斯蒂文·贝斯特、道格拉斯·凯尔纳：《后现代理论：批判性的质疑》，张志斌译，中央编译出版社，2004，第253页。

赋予经济本体性的地位，主张经济是政治甚至一切的根本。但是，拉克劳和墨菲却认为，随着资本主义的发展，马克思主义对经济的过分强调已经不适应当代社会的发展，因此他们主张用话语领导权理论去瓦解经济本质主义的逻辑。①

其次，话语领导权理论反对阶级还原论，对马克思主义的阶级主体进行了批判性的解构。拉克劳和墨菲认为，在传统马克思主义理论中，经济与阶级是紧密地联系在一起的，前者是基础，所有经济问题都对应着政治思想。拉克劳和墨菲指出，将多样性的社会景象和政治主体都简单地统一化为阶级及其主体，是马克思学说的惯常做法。② 概而言之，拉克劳和墨菲通过对传统马克思主义这种经济或者阶级主体进行批判性的解构，正式消解了马克思主义阶级主体，并构建了自己的"话语主体"。

最后，话语领导权的作用机制是"链接"（articulation），话语领导权是意识形态和话语的缝合。拉克劳和墨菲的话语领导权理论借用了德里达和拉康等人的思想。他们用德里达的解构主义理论，解构了传统马克思主义的阶级主体和经济决定论，用拉康的"大能指"和"缝合"概念解构了本质主义。③ 拉克劳和墨菲指出，人类社会的发展受某种外在的"偶然性"逻辑的支配，他们主张通过链接不同的对抗主体和话语系统，将不同领域的分散斗争和不同的革命主体"缝合"在一起，最终形成激进民主多元的斗争格局，把各个层面的局部斗争形式和斗争主体链接在一起，最终为深入的民主革命服务，将自由和平等的原则贯彻到各个领域。这就是拉克劳和墨菲的理论目标。

总之，拉克劳和墨菲认为社会是不完整的被分割的整体，可以被分解为相异的话语。他们强调总体性出现了断裂，使社会永远处于被"缝合"的状态，通过话语的链接（偶然性的沟通）才能达到各种不同成分间的"认同"，在此情形下才能实现领导权的链接。在拉克劳和墨菲的后马克思主义视野中，政治领域不再由经济基础决定，而是一个具有自身偶然性的自治领域，政治斗争不再是传统的阶级斗争，而被碎片化为各种不同的

---

① 付文忠、孔明安：《新霸权理论与后马克思主义的解构逻辑》，《哲学研究》2007 年第 2 期。
② 〔美〕斯蒂文·贝斯特、道格拉斯·凯尔纳：《后现代理论：批判性的质疑》，张志斌译，中央编译出版社，2004，第 253 页。
③ Ernesto Laclau, *New Reflection on the Revolution of Our Time*, London：Verso, 1990, p. 105.

抗争。

显然，拉克劳和墨菲的话语领导权思想受到了西方后现代主义思潮的影响，他们背离了传统的阶级和革命理论，只关注社会生活形式，忽略了阶级斗争的内容和条件，从而偏离了历史唯物主义的基本原理，把政治引向了一种言语形式的"话语嬉戏"。最后，这种话语间的政治变成一种政治景观，与社会的实际构造渐行渐远。同时，历史成为话语偶然性链接的结果而不具有任何意义。拉克劳和墨菲用永远不能被消除的社会对抗替换了阶级斗争，认为社会终将无法被"缝合"。总体来看，拉克劳和墨菲开启了后马克思主义意识形态研究的新视角，对齐泽克的意识形态理论的创建产生了重大的影响。

第三节　齐泽克精神分析的意识形态批判

斯拉沃热·齐泽克是当代著名的后马克思主义学者，他的思想在国际上具有重要影响。齐泽克试图用拉康的精神分析理论来重构马克思的意识形态批判理论，他不再局限于从认识论的角度批判意识形态的虚假性，而是积极探讨意识形态在当代资本主义社会的运行机制问题。

一　意识形态的三种类型

齐泽克首先对意识形态概念进行了讨论，他界定的意识形态在外延上非常宽泛，几乎涵盖了当代社会生活的各个方面。[①] 为了开展自己的意识形态理论研究工作，齐泽克按照黑格尔关于绝对理念经历三阶段的辩证逻辑，将意识形态也划分为自在、自为、自在自为三种类型、三种阶段或三种状态。

自在（in itself）的意识形态作为一种观念的复合体是意识形态的第一种类型。这种"错误意识"体现着意识形态的虚假性特征，代表着统治阶级的利益。[②] 资产阶级所宣扬的所谓自由主义的自由和平等的观念，就是这

①　〔斯洛文尼亚〕斯拉沃热·齐泽克等：《图绘意识形态》，方杰译，南京大学出版社，2002，第 4 页。

②　〔斯洛文尼亚〕斯拉沃热·齐泽克等：《图绘意识形态》，方杰译，南京大学出版社，2002，第 13 页。

种典型的意识形态。它表面上标榜自由和平等是人的天赋权利，其实际不过是资产阶级特殊利益的虚假的表现形式。正像马克思所揭示的那样，这种意识形态掩盖自身的统治意图，而"把自己的利益说成是社会全体成员的共同利益"。① 齐泽克赞同马克思的上述观点，认为从自在的意识形态的视角看，马克思关于意识形态"虚假性"的观点是正确的。

第二种类型是作为观念外化为物质性形式存在的，即自为（for itself）的意识形态。它其实就是阿尔都塞所称的意识形态物质性概念。② 阿尔都塞在其意识形态国家机器理论中，认为意识形态不仅是错误意识的反映，它已经对象化为主体生产的社会体制或意识形态机器的某些实践，比如有基督教信仰的人，他就会以去教堂做礼拜的形式表达他的信仰和虔诚。③

齐泽克认为第二种类型与第一种类型意识形态之间存在着诸多差异：自在的意识形态侧重于观念性，是一种虚假的意识，是统治阶级有意编造的谎言；而自为的意识形态侧重于物质性，更多地体现在无意识当中。在一些仪式与实践的过程中，人们往往觉得自己是作为自由的主体自主自愿参与的，但其实人们已经于不知不觉中陷入了意识形态的牢笼。齐泽克举例说，法西斯主义意识形态理论的产生，就是通过群众的集会与游行、有组织的文体活动等一系列的仪式和实践来完成的。

第三种类型的意识形态是齐泽克着重阐述的一种新的更加隐蔽的意识形态形式，他称之为自在自为（in and for itself）的意识形态。这种类型的意识形态更不同于前两种类型意识形态。虽然与自为的意识形态一样是外在的、行为性的，但是它是"最难以捉摸的领域"。它既不是自在的，也不是自为的，在实际生活中令人难以捉摸但又的确存在着，也许就存在于社会再生产过程的某一个瞬间。④ 这种类型的意识形态同时具有前两种意识形

① 《马克思恩格斯选集》（第1卷），人民出版社，2012，第180页。
② 〔斯洛文尼亚〕斯拉沃热·齐泽克等：《图绘意识形态》，方杰译，南京大学出版社，2002，第16页。
③ 〔斯洛文尼亚〕斯拉沃热·齐泽克等：《图绘意识形态》，方杰译，南京大学出版社，2002，第165页。
④ 〔斯洛文尼亚〕斯拉沃热·齐泽克等：《图绘意识形态》，方杰译，南京大学出版社，2002，第19~20页。

态的特点，但它以幽灵般的存在形式出现并对社会生活起作用。[①]

如果说前两种是较为明显和易于理解的意识形态，那么最后一种即自在自为的意识形态就是披着非意识形态外衣的更隐秘的意识形态。那些看起来最普通的地方可能是最具意识形态性的场所，到最后，现实与意识形态之间的差异变得模糊不清，它们已经难以被区分开来了。它不再是原来的作为"虚假意识"和对社会现实的虚假反映，更可怕的是，它直接指向社会现实本身。[②]

总之，在齐泽克看来，在当今社会，意识形态已经不是经典马克思主义认为的那样，是一种对社会现实的颠倒反映和虚假的"社会意识"，它已经被"意识形态化"为社会现实生活本身，成了社会运作的前提条件。

二　意识形态是"社会存在"本身

齐泽克通过对上述三种形式意识形态的分析指出，原来的作为"虚假意识"和对社会现实产生误读的意识形态，现如今摇身一变成了社会现实本身。整体看来，意识形态不再作为社会真实生活的"幻觉"（illusion）表达，而是已经变成了建构（齐泽克用的是"结构"一词）出我们的社会现实的"幻象"（fantasy）。[③]通过这种转换和建构，意识形态像幽灵一样，转化进了人们的现实生活，它并不是什么"虚假意识"，而是一种"社会存在"。简单地说，在齐泽克的眼中，意识形态成了人们生活的一部分，它组成了人类生存所必不可少的社会现实。

齐泽克提出的意识形态是"幻象"而不是"幻觉"的观点，显然受到了拉康精神分析理论的影响。按照拉康的分析，幻觉即是"非真"，表示与虚假的非真实相关联。幻象并非一定是虚假的，它可能是虚假的，也可能是真的，但大多数情况下，幻象与"真"密切相关，甚至可以说，幻象直通实在界。比如白日梦就是一个幻象，在拉康看来，白日梦可能是荒诞不

① 〔斯洛文尼亚〕斯拉沃热·齐泽克等：《图绘意识形态》，方杰译，南京大学出版社，2002，第 19 页。

② 〔斯洛文尼亚〕斯拉沃热·齐泽克等：《图绘意识形态》，方杰译，南京大学出版社，2002，第 28 页。

③ 〔斯洛文尼亚〕斯拉沃热·齐泽克：《意识形态的崇高客体》，季广茂译，中央编译出版社，2002，第 28 页。

经的内容，却是主体现实困境的真实写照，是主体的某种快感形式。

为了更好地说明问题，齐泽克还举了一个关于梦的例子，也就是中国人最为熟悉的庄周梦蝶的例子。齐泽克论述道："在符号性现实（symbolic reality）中，他是庄子；但在欲望的实在界中，他是一只蝴蝶。"①齐泽克认为，庄子变为蝴蝶，是他跳出符号性现实而进入欲望空间和实在界的过程。这就是说，梦中的蝴蝶是真实自我的"庄子"，成为蝴蝶是庄子在象征性的现实世界之外的一种肯定性的存在；而留在象征界（社会现实）中的庄子却是非真实的庄子。

通过齐泽克的论述可以看出，拉康的主体"三界"说和精神分析学说对齐泽克的意识形态理论产生了非常大的影响，齐泽克试图在此基础上进行理论重构。

齐泽克无非是想表明，在现实中人们常常处于一种真实的我与虚幻的我的关系倒错状态，这种倒错关系是意识形态制造出来的，是意识形态幻象的结果。意识形态幻象就是为了掩盖和弥补社会现实中的对立和裂痕，而这种对抗和分裂是社会存在的基本条件，社会本身具有的矛盾一定会导致社会抗争，所以意识形态作为"社会存在"本身同社会现实一样永恒存在。

在齐泽克看来，比如基督教的祷告仪式、美国的自由女神雕像、苏联办公楼上的新人类塑像等，作为社会现实的一部分，就是意识形态"客观化""物质化"而成的社会存在。人们就生活在意识形态幻象所建构和支撑的社会现实当中。

三　意识形态与主体的建构

同样在拉康思想的影响下，齐泽克提出了有关主体如何被建构的理论。

我们知道，拉康把主体的形成过程划分为前镜像、镜像和俄狄浦斯三个不同阶段，并把主体涉及的领域分为想象界、象征界和实在界。拉康认为婴儿在出生后的前6个月（前镜像阶段），只是被动地接受外界的影响，他对外界的感知是片段和零碎的，没有实质性的自我确认。当婴儿6~18个

---

① 〔斯洛文尼亚〕斯拉沃热·齐泽克：《意识形态的崇高客体》，季广茂译，中央编译出版社，2002，第65页。

月时，处于镜像阶段，他能在镜子前注意到自己的形象，从而区分自己和母亲（他者），并辨识出"自我"。在镜像阶段主体萌芽，在俄狄浦斯阶段（即3~4岁）主体真正形成，同时主体进入"象征界"。在这一时期，象征着社会秩序、能治秩序和文化表征的"父亲"开始介入，通过社会象征秩序对主体欲望的审查、压抑与摒弃，儿童逐渐与"父亲"由对立走向统一，他最终成为社会化的人，主体正式生成。可见，在形成过程中，主体被分割为"能指主体"和"无意识主体"：前者是符号化成功的产物，他完全接受符号的权威而获得自己的社会地位；后者是没有被符号化的人的本能和被压抑的欲望，是象征过程的剩余物，是象征化失败的产物。这种没有被符号系统改造和玷污的世界就构成"实在界"，作为"象征界"的对立面，是"真实"的领域。

在齐泽克看来，主体的身份是被某种文化形式尤其是被其中的意识形态建构（扭曲）而成的，主体通过失去"实在界"的原先形态而获得主体身份。齐泽克把这一过程称作"真实的缺失"或"主体的空无"。或者说，意识形态在"真实自我"缺失（同时也是主体的建构）过程中为人们提供了"幻象客体"（或"欲望客体"），它使主体维持心灵愉悦和自我满足。

齐泽克同样赞同阿尔都塞的某些观点。阿尔都塞认为意识形态将个体质询为主体，在意识形态国家机器（如学校、教会、传媒等）中主体被建构了出来。齐泽克也指出，在后结构主义那里，主体通常被化约为历史的实践者，[①] 主体化实际上是意识形态发挥主体范畴的作用，通过"教化"和"暗示"将具体个体建构成为被动的和屈从的具体主体。

齐泽克认为，在社会现实中，我们很难界定到底谁才是真正的主体。[②] 意识形态将我们建构为主体，真正的主体作为"空无"不能出现，现实的主体虽然在讲话，但他所说的不是他真实的想法，他真正想说的不能讲出来，因为意识形态使我们错误地认为，现在所说的话就是自己真正想说的话。这其实是一种"颠倒意识"，人把"他者"当成了自我。犹如阿尔都塞指出的那样，意识形态对主体的建构使主体产生一种错误认识，把社会文

---

① 〔斯洛文尼亚〕斯拉沃热·齐泽克：《意识形态的崇高客体》，季广茂译，中央编译出版社，2002，第238页。

② 〔斯洛文尼亚〕斯拉沃热·齐泽克：《意识形态的崇高客体》，季广茂译，中央编译出版社，2002，第239页。

化（意识形态）强加的当成自己的东西。齐泽克进一步指出，这种误认或者错觉，在一定意义上对于人们精神生活未尝不是一件好事，因为人在意识形态中一直被误认，但又在这种误认中愉快地生活着，有时候坚持这种误认会使自己克服自身的缺点而走向成功。①

试想一下，如果我们不接受这种误认，就会被社会文化所抛弃，所以很多时候我们已经把文化中的自我看作了真正的自我。人想努力成为真正的自我，但他却在融入文化系统中离真正的自我越来越远了，因为人已经被意识形态所包围而不能自己，人已经迷失在意识形态控制中，想摆脱它的控制是不可能的，它已经物质化为我们日常生活的方方面面。有时，那些我们觉得最不应该意识形态化的领域，却是被意识形态化最深的地方，因为这正是意识形态进行运作的成果呈现。

齐泽克认为以文化符号出现的意识形态作为"大他者"建构出主体及其价值观，这个论断显然借鉴了阿尔都塞的思想。按照阿尔都塞的观点，个人通过意识形态的"质询"而成为主体，也就是说，主体是文化符号秩序建构的产物。社会文化及意识形态作为"他者"是主体在文化中产生误认，个体在"他者"的作用下而变成主体。同样，在齐泽克看来，对主体提问的也是大他者——符号秩序，并且主体在不断被异化、被分裂、被阉割的过程中逐渐生成。② 最初的"自我"产生阉割而把自己当作客体来对待。

齐泽克的观点很好地说明了这一现象：在今天，主体时刻面临着"语言暴力"和"文化霸权"的审查与控制而不能自拔。

总之，齐泽克从精神分析的角度对当今的意识形态进行了一种"犬儒"式的分析。在齐泽克看来，犬儒主体虽然深谙意识形态的虚假性面具，但依然在实践上而非理论上坚守着面具，这种意识形态与主体社会现实之间的分裂只能靠信仰或者文化才能"缝合"。

不得不说，齐泽克的眼光异常独特而深邃，提出的观点也非常新颖。表面上看似乎很合实际，但仔细分析我们就能发现，他敏锐的意识深处流

① 〔斯洛文尼亚〕斯拉沃热·齐泽克：《意识形态的崇高客体》，季广茂译，中央编译出版社，2002，第95页。

② 〔斯洛文尼亚〕斯拉沃热·齐泽克：《意识形态的崇高客体》，季广茂译，中央编译出版社，2002，第247页。

露出彻底的悲观和无奈。

马克思进行批判的目的是要发现本质规律，寻找变革现实的动力和途径，而在齐泽克这里一切都变得不可能了。过去对意识形态的内容的揭示现如今变成了对其形式的剖析，这是西方学者意识形态批判逻辑发展到最后的必然趋势。也是由于他们身处发达资本主义世界，尽管主观上想批判不合理的现象，但资本主义的"残酷"的客观现实却使他们找不到出路和归宿。

在一定意义上，这种批判对变革现实毫无意义。既然一切都是那么"乐观"地、现实地存在着，那么丝毫的改变都将是不可能的了。既然变革现实的可能性和力量压根就不具备，那就这么悠然地接受现实吧。因此，现实中人们虽然很容易发现那件披在皇帝身上的压根不存在的"新装"，但他们也只能或者机智性地选择"犬儒"式地苟活，谁还会去愚蠢地捅破那层窗户纸呢？这就是现实中的人们，人人都精明得如哲学家般可以透析一切"滑稽"，但大家都表现得毫不知情，抑或"中庸"甚至"无为"。

这种社会现象和哲学家的批判方式，对谁有利呢？当然是资本家、统治者。他们肯定希望能一直保障自己的统治和利益，不希望任何改变。而思想家所揭示的一切改变之不可能性，不正让统治者们窃窃自喜吗？

笔者认为，齐泽克式的西方的思想家们毕竟是资产阶级的知识分子代表，他们的某些观点正暗合了资本家的统治需要，在某种程度上甚至还成了他们的"帮凶"和"同谋"。因此，"欲知"事情的真相如何，还是让我们把眼光转回马克思学说——那个揭示一切事物（包括意识形态）本质和规律的学说！

本章小结

20 世纪八九十年代以来，西方的一些深受后现代主义和马克思主义双重影响的学者，结合当今资本主义和社会主义的新变化，借用拉康、福柯、德里达等后现代主义者的基本思想和理论概念，重新分析、解构马克思主义中诸如消费、需求、阶级、阶级斗争、意识形态、经济基础等重要概念和思想，而形成了后马克思主义的意识形态批判理论。其中最典型的当属本章所选取的三组代表人物及其思想，分别为鲍德里亚符号意识形态批判理论、拉克劳和墨菲话语政治的意识形态批判理论和齐泽克精神分析的意识形态批判理论。这些人物之所以被称为后马克思主义者，是因为他们对马克思主义始终抱有好感或某种无法割舍的情怀，尽管他们利用后现代主义的思想工具解读（解构）了马克思主义的某些思想和理论，以至于在政治立场上又逐渐偏离了马克思主义，但他们对马克思主义的价值理想至少存有形式上的认同而没有滑向右翼的当代思潮。这是最难能可贵之处，并且他们对意识形态的范围、形式、功能、运作机制等进行了比较深入的研究，并得出了许多富有创见性的结论，这可作为对传统意识形态理论研究的有益补充，提供了可供借鉴的思想理论资源。

鲍德里亚着重分析了现代社会中的符号消费现象，进行符号政治经济学批判。他指出，在消费社会，消费文化建构出一个强大的符号体系，为消费者提供了一个意义框架，在"我消费，所以我存在；我购买，所以我存在"的思维框架下，人成为由他自己所编织的意义之网中的动物，向周围传达着自己存在的价值。鲍德里亚对消费社会的符号学批判理论，虽然带有偏激和悲壮的色彩，但不得不说非常具有创见性。当今中国社会整体上不能算作消费社会，但在经济全球化背景下，消费主义的影响实难规避，而且在现代经济学视域下，消费成为拉动经济增长的新引擎。当前阶段，我们一方面要通过增加居民收入、完善社会保障体系、鼓励科技创新等方式提振消费者信心，促进消费以拉动内需；另一方面又要引导人们树立正确的消费观，反对攀比消费、过高消费、过度超前消费等观念，以实现经济、社会、生态的可持续发展。

拉克劳和墨菲话语政治的意识形态批判理论，延续了后现代主义思潮的多元主义的政治逻辑，是为回应当代社会变革愈发复杂化、多样化而进行的一种理论综合创新。可以说，他们既解构了经典马克思主义的阶级政治，又重构了马克思主义的解放政治。在拉克劳和墨菲眼中，经济和阶级以及阶级和意识形态之间并不是完全对等的关系：上层建筑（阶级）并不完全由经济基础所决定；阶级并不构成意识形态，相反是意识形态构成了阶级；工人阶级并不是理所当然的人类解放主体和绝对的政治主体，在当今多样化和复杂化的社会政治斗争中还存在着许多其他异质性的政治主体。在此，我们能明显感觉到拉克劳和墨菲对马克思主义革命理论、阶级斗争学说的偏离（解构），但结合当代西方国家新社会运动的发展变化来看，就会明白这其实是当代政治领域出现身份多元化、斗争多样化、传统阶级划分和阶级立场被淡化、阶级成分明显缺失的现状在马克思主义意识形态中的理论回响和政治诉求。拉克劳和墨菲有关阶级和意识形态关系的剖析、关于话语政治的研究，既来源于对现实问题的思考，也对现实政治具有指导意义。我国已经进入社会主义社会，本质上已经不是阶级社会，阶级斗争已经不是社会的主要矛盾，但由于历史和现实、国内和国外各种因素的影响，阶级斗争仍然在一定范围内长期存在。因此现阶段，我们既要区分不同性质的社会矛盾，正确处理人民内部矛盾，防止把阶级斗争扩大化；又要对阶级斗争保持警惕，不能麻痹大意、掉以轻心，防止和纠正阶级斗争熄灭论。正确认识和处理阶级斗争问题，有助于确保安定团结的政治大局，保持社会长期稳定、经济长足发展。

齐泽克是后马克思主义意识形态批判理论的集大成者，是依然活跃于当今西方学术界的国际性理论大家，被伊格尔顿称为"欧洲近十年最重要的思想家之一"。① 在齐泽克的意识形态理论中，我们能明显捕捉到黑格尔、马克思、拉康甚至德里达等多人的思想影子，他不仅发展了鲍德里亚的消费意识形态批判理论，而且深化了拉克劳和墨菲开启的意识形态研究拉康化的新维度。他对于意识形态形式所进行的犬儒式分析、关于意识形态就是"社会存在"本身的指证，既是对葛兰西、阿尔都塞等人阐述的意识形态物质化思想的彻底化，也是对当代人的生活方式和行为理念的哲学思考，非常具有现实意义。综合国内外研究来看，哈贝马斯认为意识形态无处不在，国内学者俞吾金等人也持有相同的观点，齐泽克甚至认为意识形态就是社会存在，这都从一个侧面证实了意识形态研究的重要性。如此看来，要穿越意识形态幻象，切实做好意识形态工作可能是唯一的破"象"之道了。在现实生活中，我们时常听见"躺平"这样的字眼，"躺平"比喻有些人放弃了奋斗目标，得过且过，做一天和尚撞一天钟。尽管这一说法有些揶揄之意，但这种"犬儒式"生存方式确实不可取，因为人存在的意义在于意志有所追求。在新时代新征程继续推进伟大事业，必须发扬斗争精神，坚持开拓创新，敢于斗争，勇于自我革命。

总而言之，诞生于消费社会、媒介社会、后现代社会的后马克思主义

---

① 李明：《后马克思主义意识形态理论研究》，人民出版社，2011，第187页。

及其意识形态批判理论，通过对当代资本主义社会的文化和意识形态的运作载体和运行机制的剖析、对社会构建与缝合功能的探讨、对当代意识形态话语形式的分析、对意识幻象运作机制的探索等，为我们更加全面地认识当代意识形态的特性开阔了视野，同时为现阶段我们继续加强社会主义意识形态建设提供了一些可供参考和利用的思路、方式、方法。

第七章　总结与展望

通过前面几章的分析可以看出，"意识形态批判理论"是西方马克思主义一个重要的思想主线，研究这一理论有助于我们理解和把握整个西方马克思主义理论逻辑。那么，我们该如何样正确看待和评价这种"与时俱进"的意识形态理论呢？西方马克思主义意识形态批判理论对我国新时期加强社会主义意识形态建设又有哪些现实意义呢？今后我们将如何拓展西方马克思主义意识形态批判理论研究？除去前面几章中已有的阐述之外，笔者在本章力图集中分析探讨上述问题。

第一节　背景、路向及缺陷

一　缘何钟情于意识形态批判

众所周知，西方马克思主义形成于 20 世纪初，当时西方发达国家的无产阶级革命斗争都陆续失败了，这就促使西方学者尤其是马克思主义者结合西方国家出现的新情况对传统的马克思主义理论进行反思和批判，他们试图在对资本主义社会现实的批判中，重新思考社会主义的革命事业。

出于对理论和革命实践的思考，卢卡奇、柯尔施等人逐渐对第二国际的经济决定论和庸俗马克思主义的革命策略感到强烈不满。早期西方马克思主义者认为，无产阶级不应该通过简单的暴力革命来实现政权更替，相反，人类社会的总体性解放（包括政治、经济、文化、意识形态和社会关系的总体革命）才是其主要目标。于是，他们把目光开始从传统的经济、政治批判转向了对资本主义社会文化的总体批判，而最具文化内涵的意识形态则成了他们展开批判的基点。

到了 20 世纪中期，西方马克思主义尤其是法兰克福学派关注的重点则集中于资本主义社会现实中主体的普遍生存境遇，他们力图找到当代人摆脱广泛异化的文化窘境的道路。随着资本主义文化给日常生活领域带来的异化或物化更加深重和隐秘，20世纪中晚期的西方马克思主义者特别是后马克思主义者更加注重对意识形态的操控形式及其运行机制进行剖析和批判，比如揭露符号、话语等意识形态幻象。

总之，由卢卡奇开启的西方马克思主义与经典马克思主义的不同之处是，它把传统上非常重要的政治和经济问题转换到了意识形态和文化的层面来解决，始终坚持对资产阶级的意识形态展开文化批判，始终关注意识形态与主体的文化价值建构这一主题。

二　意识形态批判的展开路向

从前文的分析可以看出，特拉西开创性地提出意识形态这一概念的时候，意识形态并未得到人们的普遍关注。直到马克思对意识形态进行了革命性的改造、赋予其哲学的批判向度和革命精神后，意识形态的意义和重要性才得到凸显。

在马克思看来，过去的意识形态研究强调思想的统治作用，人从根本上不受生产方式而是受思想所支配，而社会中占统治地位的阶级的思想被抽象为"一般思想"，成了社会中的统治思想，这种抽象的"概念的自我规定"是脱离实践的，因此研究意识形态必须回到社会现实中去揭示其"虚伪性"。马克思指出："如果在全部意识形态中，人们和他们的关系就像在照相机中一样是倒立呈像的，那么这种现象也是从人们生活的历史过程中产生的，正如物体在视网膜上的倒影是直接从人们生活的生理过程中产生的一样。"① 意识作为社会存在的反映，就如同事物通过照相机而形成影像一样，是在人类历史过程中形成的。马克思用照相机比喻揭示出，德意志意识形态是"从天上降到地上"，把特殊阶级的思想说成超历史和超阶级的"普遍性形式"，是具有虚幻性特征的虚假意识，应加以批判。于是，马克思把批判意识形态作为破解资本主义幻象的通道和入口，更是在《资本论》中尖锐地批判了以"商品拜物教"为核心的资本主义意识形态。

同时，马克思还指出："人们在自己生活的社会生产中发生一定的、必

---

① 《马克思恩格斯选集》（第1卷），人民出版社，1995，第72页。

然的、不以他们的意志为转移的关系，即同他们的物质生产力的一定发展阶段相适合的生产关系。这些生产关系的总和构成社会的经济结构，即有法律的和政治的上层建筑竖立其上并有一定的社会意识形式与之相适应的现实基础。"[①] 意识形态不仅反映着占统治地位的物质力量，而且还与社会的经济、政治、文化结构具有某种关联性，一定社会的经济基础、生产力水平与生产关系和生产方式相适应，并影响着国家的政治结构与思想上层建筑。这就是马克思用建筑比喻对意识形态进行的存在论—社会结构向度的阐述。

马克思通过"照相机比喻"（即认识论—科学向度）和"建筑比喻"（即存在论—社会结构向度）展开的意识形态理论阐述，无疑对后来的学者尤其是对西方马克思主义者产生了深刻的影响。

西方马克思主义者延续了马克思对意识形态两个向度的阐述，力图结合资本主义发展实际来实现理论突围和实践超越。一些人关注马克思的第一个分析向度，而另一些人则更关注马克思的存在论—社会结构向度，他们要么致力于论证科学和意识形态的"认识论断裂"，要么把意识形态与文化、政治、心理、交往等结合起来批判资本主义社会。

具体来说，西方马克思主义的意识形态批判理论主要是通过以下四条研究路向来展开的：一是由卢卡奇、葛兰西等早期西方马克思主义学者开创并经由法兰克福学派延续和发展的文化意识形态批判，二是弗洛姆等人基于精神分析学说和社会心理学的意识形态批判，三是阿尔都塞开创的结构主义范式的意识形态批判，四是后马克思主义的意识形态批判。

第一条研究路径是由卢卡奇、葛兰西等早期西方马克思主义学者开创并经由法兰克福学派延续和发展的文化意识形态批判，这是一条主要的批判路向。恩格斯逝世后，第二国际的理论家将马克思主义庸俗化理解，这使国际共产主义事业遭受挫折。其后，列宁根据俄国革命的需要发展了马克思的意识形态理论，列宁的思想具有转折性的意义，启发了西方的马克思主义者。在列宁看来，马克思主义由于反映了客观规律，便是"科学的意识形态"，在现实中必须重视和加强对工人的这种作为无产阶级解放学说

---

① 《马克思恩格斯选集》（第2卷），人民出版社，1995，第32页。

的意识形态"灌输"，才能取得革命的胜利。[①]

正是受到列宁的意识形态理论的影响，卢卡奇、葛兰西等早期西方马克思主义者也在反思和批判第二国际经济决定论思想的过程中，开始"倾全力于研究上层建筑"，开创了西方马克思主义，并始终强调文化和意识形态的重要性。[②] 在卢卡奇看来，物化是资本主义社会的主要特征，生活在物化社会中的人产生的物化意识就是资产阶级的意识形态，它控制着人们的思想，使人们尤其是无产阶级丧失了对资本主义社会的批判和改造能力，只有通过激发无产阶级的阶级意识这一"意识形态革命"，才能实现革命理想。与此同时，葛兰西也关注到了作为"文化霸权"的意识形态问题，认为一个社会集团在取得政权之前和之后都必须重视"意识形态领导权"。

卢卡奇、葛兰西等早期西方马克思主义者实现了 20 世纪意识形态研究的一大转向，即从传统的阶级政治角度的意识形态研究转向了文化角度的意识形态批判。这一研究路径在法兰克福学派、列斐伏尔那里得到了延续和发展，并达到了新的高度。在霍克海默、阿多诺、马尔库塞、哈贝马斯等人看来，现代发达工业社会的文化、艺术甚至科技都具有了明显的意识形态特性。列斐伏尔认为，日常生活全面异化，现代资本主义社会成了组织化的消费社会。哈贝马斯甚至提出"科学技术即是意识形态"的观点，并且指出在晚期资本主义社会，政治和意识形态面临合法性危机。

第二条研究路径是赖希、弗洛姆等人借助弗洛伊德的精神分析学而展开的社会心理学意识形态批判。自 20 世纪 30 年代起，赖希、弗洛姆等人试图借助精神分析学来补充马克思的意识形态理论。在马克思的《1844 年经济学哲学手稿》首次全文公开出版后不久，赖希写了《法西斯主义群众心理学》一书，该书以弗洛伊德主义为基础，从心理学的角度深刻剖析了法西斯主义兴起的精神根源，解释了无产阶级低潮时期群众意识形态为何没有向左转反而向右转的心理学原因。弗洛姆则通过把马克思和弗洛伊德相结合，对意识形态问题展开了社会心理学的新阐释，认为资本主义社会的意识形态，就是力求建构一套文化价值体系，并将之内化为个体的性格结构，让人们去遵循。

[①] 《列宁选集》（第 1 卷），人民出版社，2012，第 363 页。

[②] 〔英〕佩里·安德森：《西方马克思主义探讨》，高铦、文贯中、魏章玲译，（台北）久大文化股份有限公司，1990，第 95 页。

第三条研究路径是阿尔都塞开创的结构主义范式的意识形态批判。阿尔都塞被誉为研究意识形态的专家，他在葛兰西等人的基础上，创造出了独特的结构主义范式的意识形态批判理论。阿尔都塞指认，在教会、家庭、党派等私人领域，意识形态发挥着"国家机器"的作用，广泛散播着资产阶级的世界观和价值观。阿尔都塞进一步指出，意识形态将个人"询唤"为主体，从而达到对主体的意识形态建构的目的。关于马克思主义历史观的动因问题，阿尔都塞在经过思考分析后提出了"矛盾的多元决定"这一新颖的观点。阿尔都塞的思想对后来的普兰查斯、伊格尔顿等西方马克思主义者，尤其是对拉克劳和墨菲等后马克思主义者也产生了重要影响。

第四条研究路径是后马克思主义的意识形态批判。20世纪60年代末法国的"五月风暴"运动失败了，这不仅表明当代资本主义世界的社会现实和西方世界政治格局发生了变化，而且预示着拉克劳、墨菲等人开创的后马克思主义意识形态理论使传统西方马克思主义意识形态批判理论再次发生了转向。拉克劳和墨菲在葛兰西反对阶级还原论基础上彻底颠覆了意识形态的阶级性，把意识形态与经济、阶级等要素分离开来。拉克劳和墨菲提出，意识形态与阶级归属之间没有直接的对应关系。基于此，他们提出了非阶级的意识形态理论和话语政治的意识形态批判理论，逐渐背离了马克思的阶级斗争理论，走向了激进多元民主政治。

拉克劳和墨菲"建构"的意识形态理论认为，意识形态只能是多元性、差异性和偶然性地被"链接"（articulation）为不同的意识形态话语。拉克劳、墨菲开创的"后马克思主义"话语理论，对齐泽克、伊格尔顿等当代著名的意识形态理论家产生了重大的影响。齐泽克精神分析的意识形态批判、鲍德里亚符号意识形态批判无不体现出了"后"马克思主义这个共同的特征和"身份"，以至于伊格尔顿谈到意识形态时意味深长地说："意识形态，在长椅上，而不在人的头脑中。"[1] 意识形态最终失去了内容批判，而流入了形式批判。

三　西方马克思主义意识形态批判理论的主要缺陷

显然，西方马克思主义的意识形态批判继承了马克思对资本主义的批

---

[1]　Terry Eagleton, *Ideology: An Introduction*, London: Verso, 1991, p. 40.

判精神，根据西方社会在科技进步、社会结构等方面出现的新变化，并结合西方的哲学思想，在某些方面"补充"或者发展了马克思的意识形态批判理论，尤其是始终围绕着意识形态对主体的文化价值建构这一主线来展开批判，这些成就值得肯定，有些做法也值得学习。但不得不说的是，从总体来看，西方马克思主义在拓展意识形态批判的同时也存在着某些缺陷，尤其是当我们"回到马克思"或回到马克思主义意识形态理论来考察的时候，就很容易发现西方马克思主义意识形态批判理论存在的主要局限或不足。

首先，逐渐消解了意识形态的阶级性。在马克思学说那里，阶级性是意识形态的主要特征之一，根本不存在超阶级的意识形态。早期西方马克思主义者基本秉承了马克思的观点，侧重从阶级革命和意识批判的角度积极寻觅无产阶级革命的道路，但他们在跳出第二国际的经济决定论和阶级还原论的同时，也走向了另外的一个极端——西方马克思主义意识形态批判开始从传统的阶级政治的意识形态研究转向了文化意识形态批判。如果说葛兰西的"文化领导权"思想打响了反对阶级还原论的第一枪，那么，历经法兰克福学派的大众文化批判、阿尔都塞结构主义范式的意识形态批判，到了拉克劳、墨菲等后马克思主义者这里，西方马克思主义正式吹响了全面颠覆意识形态阶级性的号角，意识形态与经济、阶级等因素完全脱离，变成了非阶级的偶然"链接"的话语。意识形态要么变成了鲍德里亚眼中的消费"符号"，要么是齐泽克看到的意识形态"幻象"。总之，意识形态缺失了阶级性特征，同时，西方马克思主义的意识形态批判也失去了关于意识形态内容虚假性的批判，只注重对形式的批判。

其次，片面强调意识形态的作用而忽视了对资本主义生产方式的批判。卢卡奇等早期学者通过对第二国际经济决定论和阶级还原论的反思和批判，主张包括政治、经济、文化、意识形态在内的总体革命，尤其特别重视意识形态领域的革命。在葛兰西看来，西方国家与东方国家具有不同的政权和社会结构，那就是西方国家的上层建筑中存在一个广泛的市民社会领域，而这里也是意识形态的重要场域，因此他主张无产阶级要想取得革命的胜利，首先要在市民社会中夺取意识形态领导权。法兰克福学派以及后来的西方马克思主义大多都延续了这种强调意识形态批判和哲学研究的做法。法兰克福学派重点批判了资本主义大众文化和技术理性，认为文化工业和科学技术具有了意识形态功能，使得人们对资本主义现有的秩序失去了批判的能力，更在舒适的当代生活中消磨掉了人们革命的意志。阿尔都塞从资本主义再生产的角度研究了意识形态的重要功能，强调意识形态国家机器维系了资产阶级的统治，因此，只有通过意识形态批判才能培育出革命的力量。西方马克思主义的上述做法，片面夸大了意识形态的作用，从而否定了经济基础的决定性作用。而马克思早就提醒："对市民社会的解剖应该到政治经济学中去寻求……必须从物质生活的矛盾中，从社会生产力和生产关系之间的现存冲突中去解释。"① 因此，关键是要对资本主义生产方式和资本主义社会的政治经济制度进行批判。显然，西方马克思主义在强调意识形态批判的同时，忽视了或者放弃了马克思主义对资本主义生产方式的批判武器，企图通过文化上的意识形态革命来变革资本主义社会。西方马克思主义的这种做法明显背离了历史唯物主义的基本立场，犯了主观唯心主义错误，也未能从总体上把握住当代资本主义社会的本质。

最后，强调文化批判而忽视实践斗争。英国学者麦克里兰曾评价说，西方马克思主义侧重于意识及其理论研究，而忽视了现实政治。② 的确，重文化批判轻政治和实践斗争确实是西方马克思主义的又一大通病。如果说卢卡奇、葛兰西等早期西方马克思主义者从阶级革命的角度思索无产阶级革命的意识形态问题尚存有某些无产阶级革命激情的话，那么，自法兰克福学派开始的整个后来的西方马克思主义都忽视了无产阶级的革命实践斗争。法兰克福学派对大众文化进行意识形态批判，更是把革命和艺术结合起来，主张发挥艺术的否定性功能来拯救无产阶级斗争。因此，我们看到了马尔库塞的艺术及爱欲解放论、阿多诺的同一性批判和解放美学思想、列斐伏尔的日常生活艺术想象等一大批总体性的文化革命构想。到了后马克思主义那里，更是没有经济和阶级方面的因素，意识形态批判变成了"符号""话语""幻象"等形式批判，压根儿没有了革命和实践的踪影。我们知道，艺术确实蕴含着某些意识形态性的颠覆力量，但是艺术是植根于社会历史生活的，而文化的意识形态力量只有在社会物质实践中才能表现出来。马克思指出："意识的一切形式和产物不是可以通过精神的批判来消灭的，不是可以通过把它们消融在'自我意识'中或化为'怪影'、'幽

---

① 《马克思恩格斯选集》（第 2 卷），人民出版社，1995，第 32~33 页。
② 〔英〕大卫·麦克里兰：《意识形态》，孔兆政、蒋龙翔译，吉林人民出版社，2005，第 38 页。

灵'、'怪想'等等来消灭的，而只有通过实际地推翻这一切唯心主义谬论所由产生的现实的社会关系，才能把它们消灭；历史的动力以及宗教、哲学和任何其他理论的动力是革命，而不是批判。"①这就告诉了世人，理论批判终究替代不了现实的革命实践。因此，西方马克思主义者的意识形态批判理论在实践斗争方面再一次背离了历史唯物主义理论，他们在批判资本主义的道路上成了理论上的"强者"、实践上的"弱者"，大多选择"逃避"到学术研究的"围墙"中，变得愈发悲观和失望。而马克思的意识形态理论和历史唯物主义告诉我们，意识形态批判的关键应在于变革资本主义生产方式基础上的革命和实践！

第二节　逻辑主线及其历史分析

客观上说，西方马克思主义者大多从各自的理论框架出发，在不同的历史境遇中，根据自己对马克思学说的理解来解答时代提出的问题。虽然他们的理论未必就是马克思的本真意义，但毕竟他们具有自成一体的理论发展逻辑。我们通过对不同时期思想家观点的剖析，可以大体上勾画出下列几条他们开展批判的逻辑主线。

一　从总体性的实践批判到分散性的文化反抗

众所周知，马克思的哲学是指向实践的，其终极目标在于通过实践活动来改造异化的社会现实。因此，马克思的学说不仅要揭露意识形态的虚假性，而且要在政治、经济、文化等各个领域进行总体性的实践批判来揭示资本主义社会的本质及其必然走向灭亡的发展规律，根本的是要在具体的革命活动中促进现实变革。

早期的西方马克思主义者基本秉承了马克思的总体性批判原则。卢卡奇借助黑格尔的辩证法解读出工人阶级本该是主客体的统一总体，但处于物化社会的工人阶级却不具备自觉的阶级意识；柯尔施、葛兰西认为意识形态也应该是人类整个社会历史过程和总体性革命的一部分。总体而言，基于对现实的反思和考察，他们都看到了人们的主观意识对革命成功的重

---

① 《马克思恩格斯选集》第 1 卷，人民出版社，2012，第 172 页。

要作用。因此，积极寻找意识批判与无产阶级革命成功的关联就成为早期理论家的思想主线，虽然他们已有向唯心主义倾斜的迹象，但基本上还是遵守了马克思的总体性的实践批判的原则和逻辑。

然而，随着资本主义的发展和资产阶级统治策略的调整，法兰克福学派认为过去工人阶级"赤贫"的状态已经消除，现在的问题是同一性逻辑和流行的文化对人们思想的操控。于是，霍克海默、阿多诺等人对资本主义社会展开了工具理性批判和大众文化批判。马尔库塞在对文化工业的批判中，发现科学和技术已具备操控人们意识的能量。甚至在哈贝马斯那里，科技本身业已成为一种新的意识形态。后期，他们的任务变成了寻找现代国家出现合法性危机的根源及破除的办法。因此，自法兰克福学派开始，批判的矛头逐渐转向了对文化工业及其运行机制的揭露。

经过阿尔都塞结构主义的转换和影响，原来总体性的实践批判变成了鲍德里亚的文化（符号）反抗、拉克劳与墨菲的话语（政治）游戏以及齐泽克的社会现实幻象揭露。

总之，西方马克思主义的逻辑从早期基于革命视角（包括意识革命在内）的总体性批判逻辑，逐渐演变成了后来的文化意义上的反抗，甚至是文化符号视域的控诉。

二 从宏观的生产批判到微观的心理剖析

马克思的批判是在实践基础上对资本主义社会的生产关系和生产方式的批判，认为只有推翻异化社会不合理的生产关系和掩盖事物真相的生产方式，才能真正变革现实，实现人的解放和总体解放。

而自卢卡奇开始，西方学者就把矛头指向了生产力本身，指出物化社会造成全部领域的实证化变化、一切科学的可计算性和单一化倾向带来社会结构和人的心理结构的变化。过去人类劳动只是满足人自身的需要，而社会化生产过程，使劳动变成为他人、为社会服务，劳动成为社会行为而失去原本的意义。卢卡奇等人认为，机械化的生产使主体性丧失，劳动者被当作零件被装置在机械化社会系统的某个地方，成为它的一部分而日复一日地机械操作。这种机械化的运行规律使社会结构和人的心理结构发生了改变，原本作为主客体同一的工人阶级失去了自己意志的表达，他们也在跟从物化社会规律的过程中不断接受着物化意识，最终走向了随波逐流而缺失了反抗的力量。这就是西方马克思主义者之所以要进行意识革命和文化革命的重要根源。

这一思路在法兰克福学派及后来的西方学者那里得到了集中展现。随着战后经济的恢复和发展，社会呈现一派繁荣景象，然而异化却在更深层次存在，社会也出现各种危机，其中的问题到底出在何处，思想家们观点各异。霍克海默、阿多诺转向启蒙理性批判，认为启蒙带来技术进步的同时也造成社会危机，启蒙理性发展成为工具理性，遮蔽了人的眼界，影响着人的心理活动。沿着这一思路，马尔库塞、哈贝马斯认为正是科学和技术本身带来了问题，更重要的是，随之发展起来的文化工业造成人们思维的单向度和内心的压抑，它也造成人们思维的片面化和艺术想象缺失。于是，对流行文化的批判成了思想家展开批判的主要方向。对人性结构的分析、对社会心理的剖析，自然变成了马尔库塞、弗洛姆等人的历史使命和理论归宿。

列斐伏尔看到，过去被组织化的生产如今变成了被组织化的消费，人们的日常生活已经全面异化，包括消费对人们心理的引导和操控，已经变得十分严重。鲍德里亚发现，人们消费的不仅是物的有用性，而更多的是追求商品的交换价值和其符号的象征意义。人们是在消费符号意义的过程中寻找自己的社会身份，实现内心的自我满足。齐泽克看到人们生活本身的虚假性，过去的情形可能是马克思指出的人们未看到虚假性，现如今却是大众抱有一种明知如此却故意为之的"犬儒"心理。

总之，意识形态批判逻辑从马克思建立在政治经济学基础上的宏观的生产方式批判逻辑，转变为卢卡奇、马尔库塞、哈贝马斯等人对生产力本身的批判，以及弗洛姆、鲍德里亚、齐泽克等人对造成人们心理压抑的微观现象的剖析。尽管这些西方马克思主义者基于重大社会现实问题提出了一些具有时代意义的学术性前沿观点，但他们却在实践中逐渐地偏离了马克思学说的正轨。

三　从同一性"建构"到差异性"解构"

马克思通过政治经济学分析，揭露了掩藏在商品生产和交换过程中的异化本质及其根源，通过运用与恩格斯共同创建的历史唯物主义理论进行异化社会批判，发现了人类社会发展的必然性规律。

卢卡奇借用马克思解读经济危机的方法，提出物化社会的经济结构及其合理化原则是形成危机的重要原因，开创了以自己理解的马克思精神来解读马克思学说的先例。自此，卢卡奇建构起了物化批判逻辑，开启了物化社会批判主线。法兰克福学派对文化工业的批判以及在此基础上形成的现代性批判理论，都延续了卢卡奇建构的物化批判逻辑。后来，在马克思主义与不同的社会思潮汇合的过程中，形成了不同的西方马克思主义流派。他们沿用卢卡奇建构的这一逻辑主题，通过把马克思对经济生产过程的分析和揭露扩展到物化社会的全部领域，进行了包括政治、经济、文化诸方面的总体性批判。

然而，理论本身可能就包含着否定性的力量，即使马克思的辩证法也不例外。在马克思看来，人的特殊性体现着人是一种差异化的存在。而卢卡奇通过物化批判形成的同一性逻辑，在后来逐渐得到差异性的"解构"。

从霍克海默的启蒙理性和工具理性分析、阿多诺的否定的辩证法的阐述开始，西方学者逐步拉开了解构卢卡奇物化批判逻辑的序幕。早先被忽略的马克思辩证法中蕴含的异质性原则也逐渐被重视和阐发。由于战后工业社会的异化更加广泛，卢卡奇的物化理论在法兰克福学派那里已经不限定在生产方面，物化扩展到了社会的各个领域，包括整个制度和人的内心世界。于是，西方马克思主义者的批判逻辑从卢卡奇建构在生产力基础上的物化批判逻辑转向了文化和心理层面的物化现象剖析。霍克海默发现启蒙的反叛，阿多诺寻找古典音乐的逃离，马尔库塞借助"新感性"的超越等，无不表明卢卡奇建构的物化批判逻辑已经由其后的异质性的批判逻辑取代了。同一性的逻辑、总体性的批判在西方马克思主义者对文化工业批判和对社会心理的剖析中，终究面临着被"终结"的命运。

过去被忽略的马克思辩证法中蕴含的异质性因素，经过尼采意志哲学的张扬，逐渐在法国、德国等地方被发扬光大。20 世纪中期以后，列斐伏尔从日常生活批判入手进入消费领域的批判，是西方学者思维方式正式转变的开始。阿尔都塞在"认识论断裂"中，发现矛盾是多元决定的，过去"一元论"一统天下的局面开始被打破。拉克劳和墨菲提出的非阶级的意识形态，正是基于这一视角考虑而形成的结果。后经德勒兹的"欲望"、德里达的"延异"概念的提出，马克思的精神被西方马克思主义者正式解读成了差异性的、"幽灵般"的存在。马克思的"文本"被他们后现代性地、任意地解读和肢解，完全没有了统一性。值得思考的是，这种被解构的学说，真的还是马克思主义吗？抑或是变成了他们自己的乌托邦式的想象？

总之，通过上述分析可以看出，卢卡奇建构的在同一性机制基础上的物化批判逻辑，后来渐渐地开始了向差异性的"解构"逻辑转换。这在一定意义上表明，西方马克思主义者在面对民主政治社会出现的各种新的矛盾和危机时，只能寄希望于借助马克思的精神和方法来拯救他们面前这个破败不堪的世界，但他们不过是按照自己的理解来"重建"马克思的学说，他们的理论代表着资产阶级知识分子面对现实的"乌托邦"企图挽救社会危局的一厢情愿，与马克思学说的本真含义已经渐行渐远了。如果要真正理解马克思主义，还是要回归到马克思主义理论的真实本义中去，在实践中把握它、发展它。

第三节　意识形态批判与人的发展

在研究意识形态理论时笔者发现，思想家开展意识形态批判的目的和落脚点，均在于解决现实中的人的生存和发展问题。这启示我们要坚定不移地坚持以人为本的价值坐标，践行科学发展观，贯彻新发展理念，保障我国社会主义发展的前进方向。

一　意识形态批判目的在于人的生存和发展

自意识形态概念提出以来，人们对意识形态的思考和研究就从来没有停息过。意识形态到底是什么？马克思之前的思想家大多从认识论的角度讨论意识的虚假问题，而马克思通过唯物史观的创建，尤其是对政治经济学的深入研究后，更多的是从社会学或存在论的角度来探讨意识形态问题和展开意识形态批判的。

马克思继承了黑格尔和费尔巴哈的"异化"和"教化"的重要思想，承接了传统认识论对真理的思考。虽然马克思也从认识论的角度指认意识形态为"虚假"的反映，但马克思所说的"虚假"已经不再是简单地涉及认识论问题，他将意识与人的生活实践紧密相连，对传统的认识论进行了革命性的改造、创造性的转换。马克思在自己新创立的历史唯物主义基础上，将意识形态作为观念上的总体性对象加以反思和批判，他同样是从否定的意义上来理解和规定意识形态概念的内涵的。但马克思已经不局限于"意识"和"本性"之类的抽象概念来研究意识形态的真假问题，而是通过研究社会意识产生的社会根源以判断它们的绝灭存续，从而找到了一个研究该问题的新视角，并赋予其新的含义。自此，"意识形态"的意义得到了凸显，更是成为现如今依旧被人们广泛研究的课题。

总而言之，马克思对意识形态的批判不是简单揭示其虚幻性，而更重视对个人所处的物质条件和社会关系的揭露和批判，并赋予意识形态以实践的意义和改造社会现实的力量。认识到这些，我们才能更好地理解马克思的那句至理名言："哲学家们只是用不同的方式解释世界，而问题在于改变世界。"① 也就是说，马克思进行哲学批判的目的不是破解意识的虚假问题，构建一般的认识论原理，他最终的目的是改变人的生活状况。马克思意识形态批判的最终落脚点在于人的生存和发展、自由和幸福，这也是其后西方马克思主义者理论视野中关注的一条主线。

西方马克思主义者继承了马克思的革命精神和批判意识，结合资本主义的发展现实，深入剖析了意识形态在当代的"延异"。虽然西方马克思主义者的批判也关注到意识形态对人的文化价值建构问题，但他们只是从文化和哲学视角对资本主义社会开展了理论批判，而忘却了对资本主义生产方式的实践改造，企图通过对文化的批判和对其造成人心灵压抑的控诉来克服现实危机。

自卢卡奇开始的西方马克思主义与传统马克思主义在无产阶级革命道路问题上产生了分歧，他们开始从传统的经济、政治斗争走向了文化、哲学批判，从无产阶级的现实革命斗争走向对资本主义的理论批判。无论是卢卡奇的物化意识批判、法兰克福学派的大众文化批判、列斐伏尔的日常生活异化批判，还是鲍德里亚的符号意识形态批判，整个西方马克思主义的意识形态批判都侧重于强调当代资本主义意识形态对人的文化价值观念的操控和影响，只是对文化的批判和对理性的反叛，而没有实际地提出变革物化社会的具体方案。由于他们从一开始就将传统马克思主义关注的政治和经济问题转换到文化和意识形态层面，违背了马克思对资本主义生产方式的批判逻辑，他们的批判理论脱离了传统的工人阶级"主体"，也脱离

① 《马克思恩格斯选集》（第1卷），人民出版社，1995，第61页。

了革命实际，仅仅停留在对资本主义社会现象和文化的批判上，而没有对资本主义社会的本质展开实质性批判。他们的理论只能是无法改变现实的"乌托邦"想象。

所以，西方马克思主义者始终坚持的是一种哲学式的反抗，他们的意识形态批判是文化上的大拒绝，或是一种乌托邦式的理想化的哲学逻辑的泛化，最终背离了马克思主义关于人的发展理念。但是他们毕竟对新出现的矛盾和现实进行了理论思考，并提出了一些看似非常完美的解决方案，对人们的生存状况和生活境遇进行了考察和分析，甚至对人的心理结构和心理活动也进行了剖析，这给我们现阶段面临的现代性、后现代性以及人的发展问题提供了可供借鉴的解决思路和方法。这对于正在进行社会主义现代化建设的我们来说，不啻为一笔非常宝贵的财富。

二 西方马克思主义意识形态批判理论的现实启示意义

"他山之石，可以攻玉。"我们研究西方马克思主义意识形态批判理论，也是为了吸取经验教训，以利于我们接下来进一步开展意识形态理论研究和加强我国社会主义意识形态建设。

（一）新时期应切实抓牢意识形态领导权

马克思早就深刻地揭示出经济全球化的实质就是"资本"的全球化，在最根本的意义上，它也是资产阶级的文化和意识形态向全球渗透的过程。当前，在激烈的国际竞争中，"意识形态领导权"（文化领导权）已成为表征一个国家综合国力的重要因素之一。

葛兰西、阿尔都塞等人也都论述过意识形态领导权的重要性，西方马克思主义意识形态批判理论也启示我们，不但资产阶级学者一直叫嚣的"历史终结"或"意识形态终结"没有发生，意识形态的作用反而更加突出。鲍德里亚曾经直言不讳：之前一些人预示的各种"终结"的现象根本没有出现过。[①] 后来的实情充分表明，被结束的恰恰只是"意识形态终结"本身。按照马克思主义原理，只要存在阶级和阶级社会，不同国家、民族

---

① 〔英〕克里斯托夫·霍洛克斯：《鲍德里亚与千禧年》，王文华译，北京大学出版社，2005，第63页。

间的利益就会有所差别，这时候意识形态是不会终结的。

在经济全球化时代，西方国家对我国进行意识形态渗透的方式和手段更加复杂和隐秘。因此，党的十八大以来，党和政府多次强调意识形态工作的重要性。[①] 所以，我们应该密切关注意识形态领域"没有硝烟的战争"，始终保持清醒，紧紧把握马克思主义的话语权。

为了达到这一目标，笔者认为要做到以下两点。第一，重视理论"文本"的"生产"。目前我们已有的"文本"不能说不多，或者说不好，但既富含马克思学说本质精神又易读的"文本"却比较少。考虑到马克思学说的大众接受程度，笔者认为"文本"不一定要深奥难懂，也可以做到浅显易懂。总之，"文本"创作非常重要，它关系到理论的发展与延续。第二，针对意识形态工作的主导性问题，笔者认为应该主动作为，对外占领意识形态制高点，对内掌握意识形态工作的主动权。

（二）全球化和网络化时代应注重加强意识形态建设

当今的世界潮流和我们进行现代化建设的历史背景，无疑是经济全球化和信息网络化。在这样的背景下，我们尤其要注重我国的意识形态安全问题。

随着网络技术的发展，人类社会已经进入"大数据时代"，网络成了当前意识形态斗争和建设的主阵地。近期国外有学者指出，大数据技术为人们看待现实问题提供了全新的视域。[②] 在经济全球化和大数据时代，我国的意识形态安全面临着挑战和机遇。

不可否认，西方国家在信息和数据方面拥有优势。在当今大数据时代，以美国为首的西方强国利用数据分析和传送技术，采取多样化的方式向我

[①] 2013年8月，习近平总书记在"8·19"重要讲话中强调："意识形态工作，事关党的前途命运，事关国家长治久安，事关民族凝聚力和向心力。"（《习近平总书记系列重要讲话读本》，学习出版社、人民出版社，2014，第105页。）党的十九大报告提出："牢牢掌握意识形态工作领导权。"（习近平：《决胜全面建成小康社会 夺取新时代中国特色社会主义伟大胜利——在中国共产党第十九次全国代表大会上的报告》，人民出版社，2017，第41页。）党的二十大报告强调要"建设具有强大凝聚力和引领力的社会主义意识形态"（习近平：《高举中国特色社会主义伟大旗帜 为全面建设社会主义现代化国家而团结奋斗——在中国共产党第二十次全国代表大会上的报告》，人民出版社，2022，第43页）。

[②] 〔英〕维克托·迈尔-舍恩伯格、肯尼思·库克耶：《大数据时代：生活、工作与思维的大变革》，盛杨燕、周涛译，浙江人民出版社，2013，第126页。

国民众灌输各种显性或隐性的文化价值观念。这应该引起我们的高度重视。近年来，国内已经有学者关注到以美国为首的西方霸权主义借助大数据技术对我国进行渗透的问题。①

因此，在新时期，我们首先要加强网络信息化建设和提升管理水平，大力建设大数据智能平台，抢占舆论高地；其次，充分利用大数据平台，创新政府政策宣传方式，提升主流意识形态的感染力和号召力；最后，及时关注网络舆论动态，当然，不是要限制舆论自由，但对于网络上出现的不同观点应进行跟踪采集和研究，判断其成因与后果，并提出解决方案。另外，我们应该利用大数据加强对网络上各种言论和情绪的指引和疏导，以更好地维护意识形态安全。

（三）当前我国意识形态建设中应注意的其他问题

首先，坚持以马克思主义为指导，科学辨别和揭露各种错误思想的虚假面目。当前我国的意识形态建设和马克思主义的主导地位面临诸多挑战：在国际上，西方资本主义通过全球化发挥资本主义的文化效应，对我国不断地进行文化侵略和意识形态渗透，他们要么公开宣扬新自由主义的完全市场化思想和所谓的"普世价值"来推行资本主义生产方式，要么采取更隐秘的非意识形态化的方式来传播资本主义的价值观，企图动摇马克思主义在我国的指导作用，颠覆我国的社会主义制度；在国内，社会变革和社会转型使我国出现了利益主体多元化、利益诉求复杂化、社会问题频繁化等现象，在这种情形下，各种看似科学的非主流观念容易迷惑人们，这给我们的意识形态工作带来挑战。

其次，我们应弥补西方马克思主义对意识形态重"批判"轻"建构"的不足，及时建构科学的具有中国特色的文化体系。批判性地吸收西方马克思主义，我们应该努力做到以下几点：第一，坚持社会主义公有制和社会主义道路，大力发展社会主义经济，筑牢抵御西方意识形态渗透的物质基础；第二，创新思路和方法，大力推进马克思主义中国化和时代化，坚持社会主义核心价值观，增强马克思主义理论的说服力和感召力；第三，加强文化建设，弘扬中国传统文化的合理内核，创立具有中国特色的"本

---

① 王超：《大数据时代我国意识形态安全探析》，《学术论坛》2015 年第 1 期。

土"精神文化品牌，创新中国特色的社会主义文化，用习近平文化思想指引文化强国建设。

再次，切实改善民生，加强日常生活领域的意识形态建设。西方马克思主义在进行意识形态批判时，始终关注着资本主义发展过程中出现的新情况新问题。比如卢卡奇注意到了经济发展带来的物化及物化意识，法兰克福学派、列斐伏尔等人批判了消费意识形态，阿尔都塞注重意识形态国家机器的重要作用，等等。我国在社会主义市场经济发展过程中难免会出现类似的各种问题，这要求我们注重改善民生，提高大众的幸福感，扎实推进共同富裕。

在具体的日常生活维度，我们在新形势下的意识形态建设要注意以下几点。一是要批判消费主义，尽量避免异化消费现象的产生和蔓延。虽然消费主义是资本主义社会基本矛盾产生的必然结果，但是随着我国对外开放和社会发展的持续推进，我国也可能出现类似于异化消费的现象。因此，我们要坚持科学发展观，在提高人们物质性消费水平的同时，提倡科学消费、生态消费，帮助人们树立正确的消费观和幸福观。二是在大众文化领域，注重发挥马克思主义的指导和引领作用，创造出中国特色的社会主义大众文化。三是加强教育，发挥教育在意识形态领域的功能。加快实施素质教育，巩固高校思想阵地，培养具有无产阶级世界观和社会主义专业知识、专业技术的建设者和接班人。

最后，坚持马克思意识形态的阶级性，在与世界不同国家和民族的交流中展现中国自信。马克思意识形态理论强调，阶级性是意识形态的重要特征之一，不存在任何超阶级的意识形态。如前所述，西方的很多学者都忽视或轻视了意识形态的阶级性特点，背离了马克思的批判逻辑，也没有找到批判资本主义的现实道路。这启示我们，一方面，要坚决与"泛意识形态""去意识形态"等各种错误观点作斗争，反对任何割裂意识形态与阶级之间联系的做法；另一方面，在与世界不同国家和民族的交流、推动构建人类命运共同体的过程中，我们应努力完善无产阶级的话语体系，传播我们作为社会主义国家的价值理念和诉求，展现我们中华民族乐观上进的文化形象，鲜明地显示我们的精神面貌和生存智慧，打造良好的国际形象，在世界舞台上展现中国自信！

三 促进人的全面发展：中国式现代化的最高价值取向

中国共产党历来高度重视意识形态工作，在领导中国人民探索和推进中国式现代化的伟大进程中，积累了处理意识形态问题的丰硕经验，形成了处理意识形态问题的根本态度、基本原则和特定方法，为在新时代新征程促进物的全面丰富和人的全面发展提供了方法遵循和意见指导。

（一）中国化时代化的意识形态批判理论

在马克思主义中国化时代化的过程中，逐渐形成了毛泽东思想、邓小平理论、"三个代表"重要思想、科学发展观和习近平新时代中国特色社会主义思想，中国化时代化的马克思主义蕴含着丰富的一脉相承的意识形态理论。

虽然毛泽东在《矛盾论》（1937）中没有使用意识形态这一概念，但他批判机械唯物论和强调意识和理论的能动作用的观点，显然受到了马克思、恩格斯和列宁思想的影响。毛泽东认为，在物质和精神、社会存在和社会意识之间，前者决定后者，后者反作用于前者，它们是辩证统一的关系。坚持了这些，就不违背实践唯物主义原则；相反，则是坚持了机械唯物论。[①] 意识形态不仅反映社会现实，而且强调对现实的改造。因此，鲜明的阶级性是意识形态的基本特征。[②]

《新民主主义论》（1940）是毛泽东关于意识形态和文化思想的最重要著作之一。毛泽东强调，作为思想观念形式的文化是一定社会的政治和经济的反映，文化革命是革命过程中一个重要的组成部分，强调要用新文化批判旧文化，提出"不把这种东西打倒，什么新文化都是建立不起来的"。[③] 毛泽东《在延安文艺座谈会上的讲话》（1942）进一步分析了文艺工作对党的整个工作的重要性、文化内容和形式的统一、文艺与人的发展等问题。[④] 尤其要注意的是，毛泽东在该文中用"文化"来讨论意识形态，强调新的

---

① 参见《毛泽东选集》（第 1 卷），人民出版社，1991，第 326 页。

② 《毛泽东哲学批注集》，中央文献出版社，1988，第 310 页。毛泽东最早使用意识形态一词，见其 1938 年所写的《读李达著〈社会学大纲〉一书的批注》。

③ 《毛泽东选集》（第 2 卷），人民出版社，1991，第 695 页。

④ 参见《毛泽东选集》（第 3 卷），人民出版社，1991，第 847~879 页。

文化和革命观念在革命之前作为舆论准备的重要作用等思想，这一思想与葛兰西在《狱中札记》中关于意识形态领导权的思想非常接近，它们是一"中"一"西"的文化—意识形态理论话语，指导并影响了各自国家的工人革命运动。而且毛泽东关于"矛盾"的思想也为同时代属于西方结构主义的马克思主义者阿尔都塞提供了某些理论灵感，阿尔都塞也密切关注过毛泽东的思想和文化实践。

新民主主义革命时期，毛泽东就强调马克思主义在我国思想领域具有重要作用。他指出，作为国民文化的方针，共产主义思想是处于主导性地位的，我们党应该努力"在工人阶级中宣传社会主义和共产主义"，进而逐渐用它们去"教育农民及其他群众"，并且强调只有这些革命的、先进的、科学的思想才能指导中国的民主革命走向胜利。①

新中国成立初期，由于国家外部面临着帝国主义的"和平演变"和苏联修正主义的干扰，国内还残存有封建主义和资产阶级思想的余毒，毛泽东一方面继续肯定马克思主义在我国的主导性地位，同时也指出当时国内不但"有非马克思主义的思想存在"，甚至"有反马克思主义的思想存在"，代表着无产者和资本家各自利益的这两种不同意识形态间的博弈将长期存在。②

总体而言，毛泽东的意识形态批判理论引起了西方马克思主义者的关注，而且他对意识形态本质内涵的阐述和意识形态重要性的强调，也促进了马克思主义意识形态理论在当代中国的持续发展。

"文化大革命"结束后，面对国内局势动乱，尤其是思想领域的混乱，邓小平等人力挽狂澜、拨乱反正。面对"什么是社会主义、怎样建设社会主义"这一根本问题，邓小平倡导解放思想，反对将马克思主义当作教条主义去理解和运用，强调应该用科学的、发展的、中国化的马克思主义去指导中国的建设和实践。

邓小平指出，解放思想能够促使我们正确地坚持以科学的思想为指导，解决过去未解决的难题和现在新出现的各种问题。③ 针对"文化大革命"后

---

① 参见《毛泽东选集》（第2卷），人民出版社，1991，第704页。
② 参见《毛泽东著作选读》（下册），人民出版社，1986，第784~785页。
③ 参见《邓小平文选》（第2卷），人民出版社，1994，第141页。

国内有些人开始怀疑、否定马克思列宁主义和毛泽东思想的不正之风，邓小平坚定地指出，任何人（包括革命导师）都难免存在失误，但问题的关键是，这些失误是并不包含在他们的科学理论体系之中的，因此我们不仅要正确看待他们的失误，而且更要学习和坚持他们自成体系的科学原理。①于是，邓小平重新高举马克思列宁主义、毛泽东思想的旗帜，带领着中国人民走上了探索和建设中国特色社会主义的道路。

党的十一届三中全会以后，邓小平鲜明地强调要正确处理好意识形态与经济建设的关系，他指出，过去"以阶级斗争为纲"是一种错误的路线，并不能解决人们的温饱问题；中国要实现现代化发展，在思想和政治上就必须坚持"四项基本原则"："第一，必须坚持社会主义道路；第二，必须坚持无产阶级专政；第三，必须坚持共产党的领导；第四，必须坚持马列主义、毛泽东思想。"②于是，开展社会主义经济建设再次成为党和国家工作的主旋律，以"四项基本原则"为准绳，我国开始汇聚全国各族人民力量促进社会生产力的快速发展，拉开改革开放和社会主义现代化建设的序幕。

对于如何正确借鉴资本主义的发展成果问题，邓小平更是强调了意识形态的开放性和包容性。邓小平指出，市场经济并不是资本主义社会所独有的，社会主义制度下也能发展市场经济；同样，资本主义社会也存在着"计划"，它们不是区分这两种社会制度的本质因素。因此，邓小平指出，包括当代资本主义国家在内的其他的所有优秀文明成果，我们都可以科学地吸收和借鉴，这样，我们才能取得比资本主义更大的成就。③当然，邓小平也多次指出，我们搞改革和开放，并不是要推行资本主义制度，也不是要全盘地接受与之相伴生的各种消极和腐朽的东西，我们坚持和发展的是中国特色社会主义。④

在改革开放和社会主义现代化建设新时期，邓小平始终强调在发展中国经济的同时一定要做好意识形态工作，鲜明地提出了"两手抓、两手都要硬"的要求，他所阐述的坚持"四项基本原则"以及关于加强社会主义

① 参见《邓小平文选》（第 2 卷），人民出版社，1994，第 171 页。
② 《邓小平文选》（第 2 卷），人民出版社，1994，第 164~165 页。
③ 参见《邓小平文选》（第 3 卷），人民出版社，1993，第 372~373 页。
④ 参见《邓小平文选》（第 3 卷），人民出版社，1993，第 147 页。

精神文明建设的一系列论述，都体现了这一时期党对意识形态建设的高度重视，从而确保了中国特色社会主义事业能够沿着正确的方向前进。20世纪末21世纪初，以江泽民同志、胡锦涛同志为主要代表的中国共产党人，面对错综复杂的国际国内形势和艰巨繁重的历史任务，毫不动摇地坚持党的十一届三中全会确立的路线方针政策，在推进马克思主义中国化时代化的历史进程中，不断加强思想理论建设，大力建设社会主义精神文明，积极探索社会主义意识形态建设的新思路和新举措，围绕建设社会主义核心价值体系，不断推进社会主义文化的大发展大繁荣。

尤其是党的十八大以来，中国特色社会主义进入新时代，习近平总书记多次召开会议，围绕意识形态工作发表了一系列重要讲话，为新时期加强意识形态建设奠定了思想基础和提供了基本遵循。

首先，强调在大力发展社会主义市场经济过程中，意识形态工作异常重要。按照马克思主义基本原理，经济基础和上层建筑是辩证统一的关系，前者决定着后者的发展状况和发展水平，后者对前者具有能动的反作用。尤其是意识形态作为观念上层建筑，它具有整合和规范、价值引导和教育、思想保证等十分重要的功能。习近平总书记在领导中国的改革和建设过程中，深刻地认识到了经济建设和意识形态建设之间相互促进的辩证关系。习近平总书记反复强调，在新的历史条件下，我们既要大力发展社会经济、科技和国防，又要进一步加强社会主义文化和意识形态建设。[1]

习近平总书记高度重视意识形态工作。早在2013年的"8·19"重要讲话中，习近平就指出，"意识形态工作是党的一项极端重要的工作"，[2] 强调全党要抓好这一工作，时刻都不能掉以轻心。当前，我国正处于改革开放的深水区，一方面，不断受到西方意识形态的渗透和冲击；另一方面，随着人们的利益和思想价值观念日益多元化，在意识形态领域出现了不和谐的声音，这严重影响到了党和国家的意识形态安全。面对各方出现的日益严峻的意识形态挑战，习近平总书记多次强调意识形态建设的重要地位和重要作用。作为一项战略性的重要工程，意识形态工作能够为领导全国人民团结奋斗、实现中华民族伟大复兴、实现中国梦提供强有力的思想保障。

---

① 参见《习近平著作选读》（第1卷），人民出版社，2023，第19、29、139页。
② 《习近平谈治国理政》，外文出版社，2014，第153页。

其次，提出了加强意识形态建设的主要任务和基本要求。中国特色社会主义实践成果无不证明马克思主义和社会主义的先进性和优越性，因此，习近平总书记指出，为了保障党的长期执政、实现中国梦，我们加强意识形态建设的主要任务就是：在意识形态领域巩固马克思主义的指导地位，使之作为全党全国人民团结奋斗的共同思想基础。① 为此，习近平总书记在一系列讲话中提出了现阶段加强意识形态建设的基本要求。第一，加强理想信念教育。在中国共产党多年的实践中，我们对马克思主义和共产主义的坚定信仰是促使中国共产党人不断前进的精神支柱和动力之源。如果没有这一理想信念，我们的干部和群众就会在"政治上变质、经济上贪婪、道德上堕落、生活上腐化"。② 所以，必须加强理想信念教育。第二，努力培育社会主义核心价值观。习近平总书记指出："社会主义核心价值观……体现了社会主义本质要求。"③ 因此，一方面我们要积极宣传社会主义核心价值观，另一方面我们要努力发挥中国先进传统文化的价值引领和意识形态培育作用，在培育和践行社会主义核心价值观的同时，不断提升它的吸引力和凝聚力。第三，坚持围绕中心，牢固树立大局意识。习近平总书记强调，我们要坚持以经济建设为中心，服务于改革和发展的大局、加强社会主义建设和实现共产主义的大局。④ 只有牢固树立大局意识，才能正确面对意识形态领域出现的种种挑战，做到胸有成竹。

最后，阐明了加强意识形态建设的工作思路。习近平总书记根据中国的实际情况，提出了新时期加强意识形态建设的工作思路和努力方向。第一，不断加强干部队伍建设，促使干部担当作为。中国的社会主义建设和意识形态建设，需要培养一批高、精、专的人才，这就要求我们不断提升干部尤其是领导干部的马克思主义理论水平，增强党的宣传部门的责任意识，培养党的后备力量。通过上述措施，加强干部队伍建设，发挥他们在意识形态建设中的表率作用，打造具有中国特色的意识形态建设的主力军和智囊团队。第二，重视网络意识形态建设，强化网络意识形态安全。随着网络技术的不断发展，网络空间已经成为意识形态博弈的主要战场，网

---

① 参见《习近平谈治国理政》，外文出版社，2014，第 153 页。
② 习近平：《在全国党校工作会议上的讲话》，人民出版社，2016，第 8 页。
③ 《习近平谈治国理政》，外文出版社，2014，第 169 页。
④ 参见《习近平著作选读》（第 1 卷），人民出版社，2023，第 147 页。

络安全已经危及国家的安全。因此，习近平总书记强调要特别重视网络意识形态建设，我们要充分利用网络平台来宣传我们的正确思想，不断提升主流意识形态在网络空间的生存能力和感召力，同时要严厉抵制网络上恶意攻击社会主义的言论和行为，要"旗帜鲜明反对和抵制各种错误观点"。①第三，加强国际交流和学习，在国际舞台上发出中国声音。习近平总书记指出，在全球化时代，面对西方媒体不断提出的"中国威胁论""中国崩溃论"等错误言论，我们要"高度重视传播手段建设和创新"，② 通过开展国家间的对话和交流，积极学习其他国家在意识形态建设方面的先进经验，培育融通中外的意识形态话语表达体系，在国际舞台上讲好中国故事、发出中国声音，让外国的人们更好地理解和认同不断发展着的社会主义中国，不断增强我们的意识形态在国际上的话语权和主导权。

近年来，无论是在党的二十大报告中、在文化传承发展座谈会上，还是在全国宣传思想文化工作会议上，习近平总书记一直强调要"建设具有强大凝聚力和引领力的社会主义意识形态"。③ 这一新表述更加符合改革开放背景下思想多元、价值取向多样的现实，为新时期新征程上的意识形态建设指明了方向。

总之，习近平新时代中国特色社会主义思想蕴含了内容丰富的意识形态批判理论，引领着我们实现社会主义意识形态建设的守正创新。习近平总书记的一系列重要论述，体现了我们党长期以来注重意识形态建设的优良作风。新时期，在正确思想的指引下，我国的各项工作也必将提升到更高的水平和境界。

综上所述，毛泽东提出并大力推进了马克思主义中国化。在《新民主主义论》中，毛泽东继承并灵活运用马克思列宁主义的意识形态批判理论，主张建立中华民族新文化，即民族的、科学的、大众的新民主主义文化，坚持共产主义世界观和社会革命论。④ 在《关于正确处理人民内部矛盾的问

---

① 习近平：《决胜全面建成小康社会 夺取新时代中国特色社会主义伟大胜利——在中国共产党第十九次全国代表大会上的报告》，人民出版社，2017，第42页。

② 习近平：《决胜全面建成小康社会 夺取新时代中国特色社会主义伟大胜利——在中国共产党第十九次全国代表大会上的报告》，人民出版社，2017，第42页。

③ 《习近平谈治国理政》（第3卷），外文出版社，2020，第32页。

④ 参见《毛泽东选集》（第2卷），人民出版社，1991，第662~711页。

题》等文献中，毛泽东正确说明了文化与政治、经济的关系。邓小平在关键时刻力挽狂澜，结束了过去以阶级斗争为纲的错误路线，通过解放思想，重新确立了实事求是的思想路线，提出以"四项基本原则"为准绳，主张"两手抓，两手都要硬"，在努力发展经济的同时，大力加强社会主义精神文明建设，确保中国特色社会主义建设事业沿着正确的方向行进。在中国改革开放和社会主义建设新时期，中国共产党领导人民群众以解放和发展生产力为主要任务，不断探索并开创了社会主义意识形态建设的新思路和新境界，创立了邓小平理论，形成了"三个代表"重要思想和科学发展观，坚持以理论创新引领社会主义现代化建设事业顺利向前发展。党的十八大以来，习近平总书记在中国特色社会主义进入新时代的历史背景下，就新时代"坚持和发展什么样的中国特色社会主义、怎样坚持和发展中国特色社会主义，建设什么样的社会主义现代化强国、怎样建设社会主义现代化强国，建设什么样的长期执政的马克思主义政党、怎样建设长期执政的马克思主义政党"① 等三个重大的时代课题，提出了一系列具有原创性贡献的新理念、新思想、新战略，创立了习近平新时代中国特色社会主义思想，实现了马克思主义中国化新的飞跃。在文化建设和意识形态领域，以习近平同志为主要代表的中国共产党人坚持把马克思主义基本原理同中国具体实际相结合、同中华优秀传统文化相结合，将意识形态工作提升到"党的一项极端重要的工作"的空前历史高度，围绕"建设具有强大凝聚力和引领力的社会主义意识形态"，积极扬弃西方中心主义的发展观、文明观，创造性地提出了"中国式现代化""人类文明新形态""建设中华民族现代文明""构建人类命运共同体"等一系列新思想新观点新论断，丰富和发展了马克思主义意识形态理论和马克思主义文化理论，构成了习近平新时代中国特色社会主义思想的文化篇，形成了习近平文化思想，这一思想是新时代新征程我们做好宣传思想文化工作、担负起新的文化使命所必不可少的强大的思想武器和科学的行动指南。

（二）坚持以人为本、践行科学发展、贯彻新发展理念

马克思主义以人的全面自由的发展作为人类社会发展和历史进步的重

---

① 《习近平关于社会主义精神文明建设论述摘编》，中央文献出版社，2022，第60页。

要目标，坚持"以人为本"的历史观和科学的发展观。新时期，党中央根据中国特色社会主义新时代的历史定位，提出要贯彻新发展理念，进一步推动经济和社会向更高质量迈进。

唯物史观认为，"全部人类历史的第一个前提无疑是有生命的个人的存在"，① 人类历史是由广大人民群众创造和发展的，人是社会发展的首要前提。正是现实的、具体的人推动着人类历史发展。人既是社会形成的前提和基础，也是社会进步的目标和价值所在。人在推动社会发展的同时也获得了自我发展、自我突破和自我实现。社会发展应当以人的生存和发展、自由和幸福作为依据，以人的价值的实现程度作为衡量社会发展的标准，而并不能仅仅以物质生产力的发展水平和物质财富的多少来进行简单标尺。因此，坚持"以人为本"，将人类自身放在发展的中心位置，这应该成为我们发展社会主义的一个基本原则和总的价值坐标，指引我国经济社会发展的前进方向。

坚持以人为本，也要结合中国目前的实际情况，在实践中进行考量和坚守。弗洛姆等人分析了西方社会人的性格和心理，尤其是消费社会的发展给人的心理带来的冲击。回到国内现实，经过几十年的发展，我国的整体经济水平提高了，走在了世界前列，但是薄弱的经济基础和庞大的人口基数使我们的人均产值并不是很高，目前发展还很不平衡。当前，在发展市场经济的过程中，我国出现了人们相互之间盲目攀比的现象和获得畸形补偿的社会心理。这种心理一旦转变为普遍的社会心理，将使我国社会供给和需求之间的矛盾更加突出，不利于经济持续发展和社会长期稳定。因此，我们在坚持以人为本的过程中，一方面要尽量满足、维护社会"每个人"的健康需要和正当权益，另一方面，对于社会上出现的不良风气要进行积极的引导，最终落脚于全体民众优良心性的培育，坚持社会主义的真正意义上的以人为本。

资本主义的固有矛盾必然带来盲目发展和自然生态的破坏，造成人与自然的关系恶化，以及在此基础上的人的价值观念的缺位，这是马克思学说早就批判过的，也是西方众多学者面临和意欲解决的现实问题。因此，我国在开展和推进现代化进程中提出了科学发展观，在发展经济的同时，保护好自然和生态，让社会良性发展、持续发展和科学发展。利用一切优

---

① 《马克思恩格斯选集》（第 1 卷），人民出版社，1995，第 67 页。

势资源，在吸收国外经验教训的基础上，大力发挥市场经济的正面作用，采取新的思路和策略处理发展问题，避免重走资本主义发展过程中走过的弯路，是时代赋予当代中国人的历史使命！

党的十九大报告指出，"发展是解决我国一切问题的基础和关键，发展必须是科学发展"，"我国经济已由高速增长阶段转向高质量发展阶段，正处在转变发展方式、优化经济结构、转换增长动力的攻关期"，"必须坚定不移贯彻创新、协调、绿色、开放、共享的发展理念"，建设现代化的经济体系。①

新发展理念必将带来一场事关全局的大变革。坚持创新发展，就是要从过去凭借资源要素驱动转变为今后依靠创新来驱动发展，解决发展的动能转化问题；坚持协调发展，主要是针对目前事关民生的教育、就业、医疗、住房、养老等领域短板，解决不平衡发展问题；坚持绿色发展，就是要在大力发展经济的同时注重保护好自然环境，建设"美丽中国"，解决的是人与自然的关系问题；坚持开放发展，主要是为了提升对外开放的水平和质量，以开放促改革，用改革推动开放，形成良性互动，主要解决的是改革的动力问题；坚持共享发展，主要针对的是目前社会贫富差距、人们收入差距、城乡差距扩大，目的是要探索更加科学的收入分配制度，解决的是社会公平与公正问题。

因此，坚持贯彻新发展理念，有利于改变传统的发展方式和发展模式的路径依赖，必将带来人们思想上的大解放和整个社会发展的大变革。新发展理念一定会成为促进我国经济和社会向真正高质量发展的新的引擎。在新发展理念的指引下，我国将通过走生产进步、生活富足、生态优良的文明和健康的发展道路，解决现阶段经济和社会的不平衡不充分发展问题，真正满足人民日益增长的美好生活需要。

总之，无论是经典马克思主义还是西方马克思主义开展意识形态批判的落脚点都在于人的生存和发展。我国在进行社会主义革命和建设的过程中，形成了与时俱进的中国化的马克思主义理论，这些理论始终如一地强调着意识形态建设的重要性。习近平新时代中国特色社会主义思想特别强

---

① 习近平：《决胜全面建成小康社会 夺取新时代中国特色社会主义伟大胜利——在中国共产党第十九次全国代表大会上的报告》，人民出版社，2017，第 21、30 页。

调意识形态对经济发展和社会稳定的重要作用，提出"坚持在发展中保障和改善民生"，[1] 其最终目的是促进人的全面而自由发展和实现共同富裕。

所以，人的生存和发展是开展意识形态批判的落脚点，也是马克思主义理论的必然要求。诚然，坚持以人为本、践行科学发展观、贯彻新发展理念，是我们这个时代重大的理论与现实课题，需要我们持续地去研究和实践，并且在实践中不断地丰富和提高。

（三）"现代化的本质是人的现代化"——以中国为例

党的二十大报告指出："中国式现代化的本质要求是：坚持中国共产党领导，坚持中国特色社会主义，实现高质量发展，发展全过程人民民主，丰富人民精神世界，实现全体人民共同富裕，促进人与自然和谐共生，推动构建人类命运共同体，创造人类文明新形态。"[2] 这些本质要求，强调了中国式现代化是中国共产党领导的社会主义的现代化，是以人民为中心、站在全人类立场上系统推进的新型现代化，在价值取向上是与共产主义理想一脉相承的，即追求人的全面发展，致力于实现全人类的解放。

1. 从"物本"到"人本"——中国式现代化的出场逻辑

现代化是标识人类文明演进逻辑和发展趋势的核心术语，表征着人类由传统农业社会转向现代工业社会伟大变革的总体性历史过程。作为一个世界性现象，现代化肇始于西方的工业化创造的工业文明和现代社会。14~15世纪西欧的一些地区结束封建分裂状态走向了现代民族国家的统一，为西欧现代化的开启奠定了基础，成为人类现代化的起点。17~18世纪，英、法、美、德、意、日、俄等西方国家通过资产阶级革命和改革率先完成了工业革命，形成的资本主义生产方式对全球各国产生影响，将人类带向工业文明。现代化是人类经历的一场伟大的变革，它不仅改变了人类的生产方式、社会结构，也改变了人们的社会关系、生活方式、世界图景、思维方式和价值观念，带来了人类全方位的革命性转型。在《共产党宣言》中，马克思、恩格斯指出，"生产的不断变革，一切社会状况不停的动荡，永远

---

① 习近平：《决胜全面建成小康社会 夺取新时代中国特色社会主义伟大胜利——在中国共产党第十九次全国代表大会上的报告》，人民出版社，2017，第23页。
② 《中国共产党第二十次全国代表大会文件汇编》，人民出版社，2022，第20页。

的不安定和变动，这就是资产阶级时代不同于过去一切时代的地方"，"一切等级的和固定的东西都烟消云散了"，"资产阶级，由于开拓了世界市场，使一切国家的生产和消费都成为世界性的了"，资产阶级"按照自己的面貌为自己创造出一个世界"，这个世界不仅"使农村从属于城市"，而且"使未开化和半开化的国家从属于文明的国家，使农民的民族从属于资产阶级的民族，使东方从属于西方"。① 因此，现代化不仅是西方工业化的过程，也是民族历史向世界历史转变的过程，是世界上各个国家和民族被资本的力量所支配的过程。

以马克思主义历史唯物主义观点视之，现代化就是资本主导的、以现代资产阶级生产为标识的历史过程。这种肇始于西方的现代化，是以资本为内驱的现代化，资本对利润无止境的追逐必然带来资本主义世界"物本"对"人本"的支配，造成西方式现代化与人的发展的悖论。在西方现代化的过程中，资本作为一种普照的光，是一种操控一切的社会力量（或者叫资本权力），主导和控制着整个社会关系，人受资本的"抽象统治"而发生劳动异化和精神颓废，被物化和动物化。马克思在《1844 年经济学哲学手稿》中详细描述了这种现象："工人生产得越多，他能够消费的越少；他创造的价值越多，他自己越没有价值、越低贱；工人的产品越完美，工人自己越畸形；工人创造的对象越文明，工人自己越野蛮；劳动越有力量，工人越无力；劳动越机巧，工人越愚笨，越成为自然界的奴隶。"② 在资本主义社会，不仅工人与自己的劳动产品相异化，而且人被降格成了工具性存在，成为异己的"物"。其结果就是，"人（工人）只有在运用自己的动物机能——吃、喝、生殖，至多还有居住、修饰等等——的时候，才觉得自己在自由活动，而在运用人的机能时，觉得自己只不过是动物。动物的东西成为人的东西，而人的东西成为动物的东西"。③ 显然，西方现代化产生双重逻辑，带来了双重效应：一方面现代生产促发了社会剧变，使人获得了相对的独立和自由，即"以物的依赖性为基础的人的独立性"，但另一方面现代社会在资本的驱动和操控下，颠倒了人与物的关系，以"物本"支

① 《马克思恩格斯选集》（第 1 卷），人民出版社，2012，第 403~405 页。
② 《马克思恩格斯选集》（第 1 卷），人民出版社，2012，第 52~53 页。
③ 《马克思恩格斯选集》（第 1 卷），人民出版社，2012，第 54 页。

配"人本"，人沦为了物的手段和工具。这是资本主导的西方现代化的必然结果，是马克思批判西方现代化的深层原因，也是中国式现代化在人类历史上华丽出场的理论前提。习近平总书记在庆祝中国共产党成立100周年大会上的讲话中指出："我们坚持和发展中国特色社会主义，推动物质文明、政治文明、精神文明、社会文明、生态文明协调发展，创造了中国式现代化新道路，创造了人类文明新形态。"①现代化是物的现代化和人的现代化的统一，但在资本逻辑的操控下，西方现代化却造成了人的异化，本质上是一种见物不见人的现代化，人成了马尔库塞所说的"单向度的人"。相较于抬高资本、异化人性的西方现代化，中国式现代化乃是以人民为中心的现代化，它要求打破西方现代化的物本逻辑，形成现代化的人本逻辑，在实践中尽量规避资本逻辑的困境，激发人的主体自主性，为人的现代化和全面发展开辟了全新道路。

2. 社会主义现代化的本质——人的现代化

诚然，人的现代化是马克思主义现代化理论的根本主题。马克思主义致力于人的解放特别是人的自由全面发展。马克思指出："全部历史是为了使'人'成为感性意识的对象和使'人作为人'的需要成为需要而作准备的历史（发展的历史）。"② 唯物史观坚持人民群众是历史的创造者，是现代化的开创者和推动力量，马克思始终以"人"作为衡量历史进步和社会发展的终极尺度，强调人的现代化是现代化的实质，实现人的解放和人的全面发展是人的现代化的终极追求和价值取向。马克思在《共产党宣言》《资本论》等著作中，为人类社会现代化指明了历史归宿和发展路径：在共产主义社会，"每个人的自由发展是一切人的自由发展的条件"。③ 恩格斯也指出："根据共产主义原则组织起来的社会，将使自己的成员能够全面发挥他们的得到全面发展的才能。"④ 由此可见，在马克思、恩格斯眼中，共产主义就是以人的全面发展为主要内容和价值取向的未来人类现代化所指向的社会形态。

中国式现代化是以人的逻辑为导向的现代化，既切合中国实际，体现

① 《习近平谈治国理政》（第4卷），外文出版社，2022，第10页。
② 《马克思恩格斯全集》（第3卷），人民出版社，2002，第308页。
③ 《马克思恩格斯选集》（第1卷），人民出版社，2012，第422页。
④ 《马克思恩格斯选集》（第1卷），人民出版社，2012，第308页。

了社会主义建设规律，也体现了人类社会发展规律，科学回答了现代化的本质是什么这一重大问题。从历史逻辑来看，中国的现代化经历了早期现代化和社会主义现代化两个大的历史阶段。旧民主主义革命时期，由于西方列强入侵和封建统治腐败，中国逐步成为半殖民地半封建社会，致使"国家蒙辱、人民蒙难、文明蒙尘"，在西方工业文明的冲击和资本逻辑的渗透之下，中国被迫卷入了现代化历程，以洋务运动、戊戌变法、辛亥革命为代表，中国人民为了独立和自由奋起抗争，但均以失败告终。中国共产党成立以后，把马克思主义与中国实际相结合、同中华优秀传统文化相结合，开创性地走出了一条独立自主建设社会主义现代化的道路。以毛泽东同志为核心的党的第一代中央领导集体对中国的社会主义现代化建设进行了初步的探索：以快速工业化作为现代化建设的发力点，提出了"四个现代化"的宏伟目标，并制定了分两步走的战略安排。"文化大革命"之后，作为改革开放总设计师的邓小平提出了"中国式的现代化"目标，鲜明指出"社会主义现代化建设是我们当前最大的政治，因为它代表着人民的最大的利益、最根本的利益"，① 强调人的现代化对于推进社会主义现代化全局发展的重要意义。20世纪末到21世纪初，在中国特色社会主义理论体系的指引下，中国现代化建设加快推进。党的十八大以来，中国特色社会主义进入新时代，以习近平同志为核心的党中央在总结人类社会现代化发展一般性规律的基础上，探索形成了立足中国实际、放眼世界现代化未来的中国式现代化理论，将推动人的全面发展作为社会主义现代化的本质。习近平总书记曾多次强调："现代化的本质是人的现代化。"② 中国式现代化把实现人民对美好生活的向往作为自己的出发点和落脚点，维护人民的利益，满足人民的需要，以实现共同富裕和促进人的全面发展作为根本价值诉求。

3. 中国式现代化以社会的全面进步不断促进人的全面发展

现代化不止西方式现代化这一种模式，也不存在放之四海而皆准的现代化标准。习近平总书记在党的二十大报告中指出，我们所推进的现代化"既有各国现代化的共同特征，更有基于自己国情的中国特色"。③ 在克服西

① 《邓小平文选》（第2卷），人民出版社，1994，第163页。
② 《习近平关于社会主义经济建设论述摘编》，中央文献出版社，2017，第164页。
③ 《中国共产党第二十次全国代表大会文件汇编》，人民出版社，2022，第18页。

方现代化弊端的基础上，我们党提出，社会主义现代化的本质是人的现代化。因此，中国式现代化是以人的现代化、人的全面发展为核心的全面现代化，"更好满足人民在经济、政治、文化、社会、生态等方面日益增长的需要，更好推动人的全面发展、社会全面进步"。① 要实现人的全面发展，不仅需要提供坚实的物质基础、物质条件，发挥社会主义制度优势，更需要激活每个人的自觉性和主观能动性，构筑中国价值、中国精神。

第一，坚持党的全面领导和自我革命，为人的全面发展提供坚强的领导力量。办好中国的事情，关键在党。中国式现代化，是中国共产党领导的社会主义现代化。实践经验教训表明，只有坚持党的集中统一领导、党的全面领导，中国式现代化才能顺利推进，中国人的全面发展才能实现。以人的全面发展为核心的中国式现代化，必须坚持党的全面领导，将党的各项政策决策贯彻落实到现代化建设各个环节，为实现人的全面发展提供根本保障。因此，必须加强党的建设，提高党的领导能力和执政水平，健全党内监督机制，始终保持中国共产党与人民群众的血肉联系，以民众监督政府和党的自我革命破解历史周期率，营造促进社会发展和人的全面发展的良好政治生态。

第二，扎实推进共同富裕，为人的全面发展奠定坚实的物质基础。中国式现代化是全体人民共同富裕的现代化，实现全体人民共同富裕是中国式现代化的本质要求。社会主义公有制为实现共同富裕奠定了制度基础，以生产资料公有制为主体、多种所有制经济共同发展为共同富裕提供了生产关系的保障。习近平总书记指出："共同富裕是社会主义的本质要求，是中国式现代化的重要特征。"② 这一重大判断深刻指出了中国式现代化有别于西方式现代化的本质和特征，体现了中国特色社会主义现代化的道义性。中国式现代化的出发点和落脚点，是实现、维护和发展广大人民的根本利益。改革开放让一部分人先富了起来，但也产生了发展不平衡和财富分配失衡问题。在全面建设社会主义现代化国家的新征程上，我们必须完整、准确、全面贯彻新发展理念，加快构建新发展格局，在高质量发展中促进共同富裕，不断完善收入分配体系，确保改革开放和社会主义现代化建设

---

① 《习近平谈治国理政》（第3卷），外文出版社，2020，第9页。
② 《习近平谈治国理政》（第4卷），外文出版社，2022，第142页。

的成果惠及全体人民，为人的全面发展奠定丰厚的物质基础。

第三，发展全过程人民民主，为人的全面发展夯实严密的政治基础。我国是工人阶级领导的、以工农联盟为基础的人民民主专政的社会主义国家，国家一切权力属于人民。全过程人民民主是社会主义民主政治的本质属性，是最广泛、最真实、最管用的民主。全面建设社会主义现代化国家，必须坚持和完善人民当家作主的制度体系，建设参与程序完整、实践机制健全的全过程人民民主。加强基层民主建设，提高广大基层人民的政治参与意识和参与热情。同时，将法治与民主有机结合，发挥两者相辅相成的作用，以法治落实民主制度，用法治中国建设推动社会主义民主政治制度化、规范化、法治化。推进国家治理体系和治理能力现代化，在完善国家制度体系中增强人民在政治生活中的主体性和自觉性，在满足人的政治需要中促进人的全面发展。

第四，推进文化自信自强，为人的全面发展营造浓厚的文化氛围。文化是一个国家、一个民族的灵魂。文化兴则国运兴，文化强则民族强。发展社会主义先进文化，发挥文化育人、化人功能，满足人民文化需求，增强人民文化素养，是中国式现代化的重要特征和内在要求。首先，坚决维护习近平新时代中国特色社会主义思想的指导地位，继续推进实践基础上的理论创新，牢牢掌握党对意识形态工作的领导权，大力弘扬以伟大建党精神为源头的中国共产党人精神谱系，建设好具有强大凝聚力和引领力的社会主义意识形态。其次，传承中华优秀传统文化，弘扬革命文化，发展社会主义先进文化，推进文化自信自强，在伟大实践中坚定信仰、信念、信心，以社会主义核心价值观引领社会文明提升，以高度发达的社会文明续写中华文明辉煌。最后，大力发展文化事业和文化产业，健全现代公共文化服务体系，为人民的文化消费提供更多更高质量的产品，以满足人民日益增长的文化需要，为促进人的全面发展、实现中华民族伟大复兴增强磅礴精神力量。

第五，加强社会建设和生态文明建设，为人的全面发展创造优良的人文环境。中国式现代化是人口规模巨大的现代化，因此必须在现代化建设中协调好效率与公平的关系，着力解决发展不平衡不充分问题，扎实推进乡村产业、人才、文化、生态、组织振兴，坚持共同富裕原则，实现教育、医疗、养老、住房的公平正义，健全社会保障体系，增进民生福祉，增强全体人民的获得感、幸福感、安全感。中国式现代化是人与自然和谐共生的现代化，因此必须坚持绿水青山就是金山银山理念，推动经济社会绿色发展，形成质量高、稳定性强的生态系统，为人的全面发展提供清洁美丽的自然环境。

第六，构建人类命运共同体，为人的全面发展争取和平的国际环境。根据马克思世界历史理论，人的自由全面发展"是以生产力的普遍发展和与此相联系的世界交往为前提的"。① 人的全面发展离不开和平稳定的国际环境。当前世界之变、时代之变、历史之变正以前所未有的方式展开，但在世界各国休戚与共的世界历史大环境下，国际合作与交流影响着人的发展水平。中国式现代化是走和平发展道路的现代化，因此，必须坚持人类命运共同体理念，推动构建新型国际关系，增强国际合作竞争的新优势，推动开放型经济体制建设和"一带一路"高质量发展，彰显大国担当，展示大国风范，在实现自身发展的同时，兼顾全人类的合理利益，谋求全人类的共同发展，为应对各种全球性挑战、解决世界性问题贡献中国经验和中国智慧。

总之，中国式现代化以促进人的全面发展为价值旨趣、实质内容，赋予了"现代化"以"中国特色"的全新内涵，坚持通过物质文明、政治文明、精神文明、社会文明、生态文明的全面提升，坚持通过实现人与自然、人与社会、人与自身等关系的全面和谐发展，来促进人的全面发展，不仅创造了人类文明新形态，而且塑造和引导了人类走向未来的新的时代精神，具有鲜明特征、实质内容和世界意义。

---

① 《马克思恩格斯选集》（第 1 卷），人民出版社，2012，第 166 页。

结束语

西方马克思主义不同时期的学者根据时代发展出现的新情况、新问题，不断进行着理论思考和实践批判，形成了各种独具一格又与时俱进的意识形态批判理论，这些理论虽然存在缺陷和不足，却不乏真知灼见，对加强我国意识形态建设具有启示意义。

西方马克思主义理论博大精深，本书从意识形态与主体的文化价值建构的角度，以马克思主义理论为指导，对西方马克思主义意识形态批判理论进行了系统的阐述，力图分析出意识形态的本质及西方马克思主义者展开批判的演进逻辑。总体来看，他们逐渐脱离了马克思的生产方式批判和政治革命的视域，转向对生产力本身带来的文化异化现象反叛和由此带来的心理结构剖析，经历了从实践批判到文化反抗、从宏观的生产批判到微观的心理剖析、从同一性"建构"到差异性"解构"的逻辑转向。本书通过对意识形态进行实践性反思，落脚于对当代社会人类的生存与发展问题的思考。这进一步说明，西方马克思主义者在面对民主政治社会出现的各种新的矛盾和危机时，只能寄希望于借助马克思的精神和方法来拯救他们面前这个破败不堪的世界，但他们不过是按照自己的理解来"重建"马克思的学说，他们的理论是代表着资产阶级的知识分子面对现实的"乌托邦"企图挽救社会危局的一厢情愿，与马克思学说的本真含义已经渐行渐远了。但他们基于西方社会重大社会现实提出的具有时代意义的学术性前沿观点，启示着我们要真正把握马克思学说的"原义"，合理借鉴西方学者观点中的科学的成分，并在实践中实现对它的超越。

作为一次学术性尝试，本书难免存在疏漏和不足，可能对西方马克思主义意识形态批判理论背后存在的内在理据挖掘得不够深入，在西方马克思主义意识形态批判理论的研究方法和范式方面仍需继续思考和研究。

马克思在 1842 年所写的《集权问题》这篇文章中指出，时代的发展会给这个时代的思想家提出要解决的问题，并且更关键的是："主要的困难不是答案，而是问题。因此，真正的批判要分析的不是答案，而是问题。"[①]的确，对问题的追索比对答案的探求更加重要。作为一个重要的社会事实，意识形态问题业已是当今时代的一个重要问题，我们必须直面意识形态问题。因此，期待有更多的人从事意识形态问题和西方马克思主义意识形态批判理论研究。

[①] 《马克思恩格斯全集》（第 40 卷），人民出版社，1982，第 289 页。

参考文献

一 主要文献

[1]《马克思恩格斯选集》（第1~4卷），人民出版社，1995。

[2]《马克思恩格斯选集》（第1卷），人民出版社，2012。

[3]《马克思恩格斯文集》（第7卷），人民出版社，2009。

[4]《马克思恩格斯全集》（第1卷），人民出版社，1956。

[5]《马克思恩格斯全集》（第2卷），人民出版社，1958。

[6]《马克思恩格斯全集》（第3卷），人民出版社，1960。

[7]《马克思恩格斯全集》（第4卷），人民出版社，1958。

[8]《马克思恩格斯全集》（第13卷），人民出版社，1962。

[9]《马克思恩格斯全集》（第20卷），人民出版社，1971。

[10]《马克思恩格斯全集》（第40卷），人民出版社，1982。

[11]《德意志意识形态（节选本）》，人民出版社，2003。

[12]《列宁选集》（第1~4卷），人民出版社，1995。

[13]《列宁选集》（第1卷），人民出版社，2012。

[14]《列宁选集》（第2卷），人民出版社，2012。

[15]《毛泽东选集》（第1~4卷），人民出版社，1991。

[16]《毛泽东哲学批注集》，中央文献出版社，1988。

[17]《毛泽东著作选读》（下册），人民出版社，1986。

[18]《邓小平文选》（第2卷），人民出版社，1994。

[19]《邓小平文选》（第3卷），人民出版社，1993。

[20]《习近平总书记系列重要讲话读本》，学习出版社，2014。

[21]《习近平谈治国理政》，外文出版社，2014。

[22]《习近平谈治国理政》（第3卷），外文出版社，2020。

[23]《习近平谈治国理政》（第4卷），外文出版社，2022。

[24]《习近平著作选读》（第1~2卷），人民出版社，2023。

[25] 习近平：《在全国党校工作会议上的讲话》，人民出版社，2016。

[26]《习近平关于社会主义经济建设论述摘编》，中央文献出版社，2017。

[27]《中国共产党第二十次全国代表大会文件汇编》，人民出版社，2022。

[28] 习近平：《高举中国特色社会主义伟大旗帜 为全面建设社会主义现代化国家而团结奋斗——在中国共产党第二十次全国代表大会上的报告》，人民出版社，2022。

二 译著

[1] 〔德〕费尔巴哈：《基督教的本质》，荣震华译，商务印书馆，1984。

[2] 〔德〕尤尔根·哈贝马斯：《作为"意识形态"的技术与科学》，李黎、郭官义译，学林出版社，1999。

[3] 〔德〕黑格尔：《法哲学原理》，范扬、张企泰译，商务印书馆，1996。

[4] 〔德〕霍克海默：《工具理性批判》，曹卫东译，上海人民出版社，2003。

[5] 〔德〕麦克斯·霍克海默：《批判理论》，李小兵等译，重庆出版社，1989。

[6] 〔德〕马克斯·霍克海默、西奥多·阿道尔诺：《启蒙辩证法——哲学断片》，渠敬东、曹卫东译，上海人民出版社，2006。

[7] 〔德〕卡尔·柯尔施：《马克思主义和哲学》，王南湜、荣新海译，重庆出版社，1989。

[8] 〔法〕阿尔都塞：《保卫马克思》，顾良译，商务印书馆，2006。

[9] 〔法〕阿尔都塞：《哲学与政治：阿尔都塞读本》，陈越编译，吉林人民出版社，2003。

[10] 〔法〕阿尔都塞、巴里巴尔：《读〈资本论〉》，李其庆、冯文光译，中央编译局出版社，2001。

［11］〔法〕让·鲍德里亚：《符号政治经济学批判》，夏莹译，南京大学出版社，2009。

［12］〔法〕鲍德里亚：《生产之镜》，仰海峰译，中央编译出版社，2005。

［13］〔法〕让·波德里亚：《象征交换与死亡》，车槿山译，译林出版社，2006。

［14］〔法〕让·波德里亚：《消费社会》，刘成富、全志钢译，南京大学出版社，2000。

［15］〔法〕尚·布希亚：《物体系》，林志明译，上海人民出版社，2001。

［16］〔法〕萨特：《辩证理性批判》（上卷），林骧华、徐和瑾、徐伟丰译，安徽文艺出版社，1998。

［17］〔捷克〕卡莱尔·科西克：《具体的辩证法——关于人与世界问题的研究》，傅小平译，社会科学文献出版社，1989。

［18］〔美〕丹尼尔·贝尔：《意识形态的终结：50 年代政治观念衰微之考察》，张国清译，江苏人民出版社，2001。

［19］〔美〕埃利希·弗洛姆：《健全的社会》，欧阳谦译，中国文联出版公司，1988。

［20］〔德〕埃里希·弗洛姆：《逃避自由》，陈学明译，工人出版社，1987。

［21］〔美〕埃里希·弗洛姆：《在幻想锁链的彼岸——我所理解的马克思和弗洛伊德》，张燕译，湖南人民出版社，1986。

［22］〔美〕埃里希·弗洛姆：《自为的人——伦理学的心理学探究》，万俊人译，国际文化出版公司，1988。

［23］〔美〕克利福德·格尔茨：《文化的解释》，韩莉译，译林出版社，1999。

［24］〔美〕罗伯特·戈尔曼编《"新马克思主义"传记辞典》，赵培杰等译，重庆出版社，1990。

［25］〔美〕马丁·杰：《阿多诺》，瞿铁鹏、张赛美译，中国社会科学出版社，1992。

［26］〔美〕赫伯特·马尔库塞：《单向度的人——发达工业社会意识形

态研究》，刘继译，上海译文出版社，1989。

[27]〔美〕赫伯特·马尔库塞：《审美之维》，李小兵译，广西师范大学出版社，2001。

[28]〔美〕赫伯特·马尔库塞：《现代文明与人的困境——马尔库塞文集》，李小兵等译，上海三联书店，1989。

[29]〔美〕道格拉斯·科尔纳、斯蒂芬·贝斯特：《后现代转向》，陈刚等译，南京大学出版社，2002。

[30]〔美〕斯蒂文·贝斯特、道格拉斯·凯尔纳：《后现代理论：批判性的质疑》，张志斌译，中央编译出版社，2004。

[31]〔美〕杰姆逊讲演《后现代主义与文化理论》，唐小兵译，北京大学出版社，2005。

[32]〔日〕今村仁司：《阿尔都塞——认识论的断裂》，牛建科译，河北教育出版社，2001。

[33]〔瑞士〕费尔迪南·德·索绪尔：《普通语言学教程》，高名凯译，商务印书馆，1980。

[34]〔斯洛文尼亚〕斯拉沃热·齐泽克：《意识形态的崇高客体》，季广茂译，中央编译出版社，2002。

[35]〔斯洛文尼亚〕斯拉沃热·齐泽克等：《图绘意识形态》，方杰译，南京大学出版社，2006。

[36]〔匈〕卢卡奇：《历史与阶级意识》，杜章智、任立、燕宏远译，商务印书馆，1999。

[37]〔匈〕卢卡契：《审美特性》，徐恒醇译，中国社会科学出版社，1986。

[38]〔意〕葛兰西：《狱中札记》，葆煦译，人民出版社，1983。

[39]〔英〕佩里·安德森：《西方马克思主义探讨》，高铦、文贯中、魏章玲译，人民出版社，1981。

[40]〔英〕大卫·麦克里兰：《意识形态》，孔兆政、蒋龙翔译，吉林人民出版社，2005。

[41]〔英〕克里斯托夫·霍洛克斯：《鲍德里亚与千禧年》，王文华译，北京大学出版社，2005。

[42]〔英〕恩斯特·拉克劳：《我们时代革命的新反思》，孔明安、刘

振怡译，黑龙江人民出版社，2006。

［43］〔英〕恩斯特·拉克劳、查特尔·墨菲：《领导权与社会主义的策略——走向激进民主政治》，尹树广、鉴传今译，黑龙江人民出版社，2003。

［44］〔英〕拉雷恩：《意识形态与文化身份：现代性和第三世界的在场》，戴从容译，湖南人民出版社，2005。

［45］〔英〕墨菲：《政治的回归》，王恒、臧佩洪译，江苏人民出版社，2005。

［46］〔英〕特里·伊格尔顿：《历史中的政治、哲学、爱欲》，马海良译，中国社会科学出版社，1999。

［47］〔英〕维克托·迈尔-舍恩伯格、肯尼思·库克耶：《大数据时代：生活、工作与思维的大变革》，盛杨燕、周涛译，浙江人民出版社，2013。

［48］〔英〕约翰·B. 汤普森：《意识形态与现代文化》，高铦等译，译林出版社，2005。

三　专著

［1］包亚明主编《现代性与空间的生产》，上海教育出版社，2003。

［2］曹卫东编选《霍克海默集》，渠东、付德根译，上海远东出版社，2004。

［3］段方乐：《总体性的终结：从卢卡奇到阿多诺》，中国社会科学出版社，2009。

［4］冯刚主编《新形势下意识形态相关问题研究》，光明日报出版社，2015。

［5］侯惠勤：《马克思的意识形态批判与当代中国》，中国社会科学出版社，2010。

［6］黄小寒主编《西方马克思主义经典著作导读》，北京大学出版社 2012。

［7］季广茂：《意识形态》，广西师范大学出版社，2005。

［8］李明：《后马克思主义意识形态理论研究》，人民出版社，2011。

［9］李萍：《马克思意识形态论》，中国社会科学出版社，2013。

［10］刘怀玉：《现代性的平庸与神奇：列斐伏尔日常生活批判哲学的文本学解读》，中央编译出版社，2006。

［11］毛寿龙：《政治社会学》，中国社会科学出版社，2001。

［12］孟登迎：《意识形态与主体建构：阿尔都塞意识形态理论》，中国社会科学出版社，2002。

［13］欧力同、张伟：《法兰克福学派研究》，重庆出版社，1990。

［14］欧阳谦等：《文化的转向：西方马克思主义的总体性思想研究》，中国人民大学出版社，2015。

［15］彭冰冰：《西方马克思主义意识形态批判的历史逻辑与现实意义研究》，中国社会科学出版社，2012。

［16］上海社会科学院哲学研究所外国哲学研究室编《法兰克福学派论著选辑》（上卷），商务印书馆，1998。

［17］宋慧昌：《当代意识形态研究》，中共中央党校出版社，1999。

［18］王晓升等：《西方马克思主义意识形态理论》，社会科学文献出版社，2009。

［19］徐崇温主编《西方马克思主义理论研究》，海南出版社，2000。

［20］徐海波：《意识形态与大众文化》，人民出版社，2009。

［21］仰海峰：《走向后马克思：从生产之镜到符号之镜》，中央编译出版社，2004。

［22］衣俊卿：《西方马克思主义概论》，北京大学出版社，2008。

［23］尹立：《精神分析与佛学的比较研究》，巴蜀书社，2003。

［24］俞吾金：《意识形态论》，人民出版社，2009。

［25］袁祖社：《社会理性的生成与培育——中国市民社会的价值理想与实践逻辑》，中国社会科学出版社，2011。

［26］袁祖社：《文化与伦理：基于公共性视角的研究》，人民出版社，2016。

［27］张伟：《弗洛姆思想研究》，重庆出版社，1996。

［28］张秀琴：《马克思意识形态理论的当代阐释》，中国社会科学出版社，2005。

［29］张秀琴：《西方马克思主义意识形态理论的当代阐释》，中国传媒大学出版社，2005。

［30］张一兵：《马克思历史辩证法的主体向度》，南京大学出版社，2002。

［31］张一兵：《问题式、症候阅读与意识形态：关于阿尔都塞的一种文本学解读》，中央编译出版社，2003。

［32］张一兵主编《当代国外马克思主义哲学思潮》（上、中、下卷），江苏人民出版社，2012。

［33］赵敦华：《现代西方哲学新编》，北京大学出版社，2001。

［34］赵勇：《社会主义意识形态功能研究》，上海人民出版社，2012。

［35］郑永廷等：《社会主义意识形态发展研究》，人民出版社，2002。

［36］周凡、李惠斌主编《后马克思主义》，中央编译出版社，2007。

［37］周宏：《理解与批判——马克思意识形态理论的文本学研究》，上海三联书店，2003。

四 报刊论文

［1］车玉玲：《20世纪意识形态论域的三个维度》，《哲学动态》2002第12期。

［2］陈建兵等：《论习近平关于意识形态建设的重要论述及其意义》，《北京工业大学学报》（社会科学版）2018年第2期。

［3］冯虞章：《坚守马克思主义意识形态阵地》，《马克思主义研究》2014年第1期。

［4］付文忠、孔明安：《新霸权理论与后马克思主义的解构逻辑》，《哲学研究》2007年第2期。

［5］韩庆祥、陈远章：《马克思主义"三化"与话语权问题》，《上海师范大学学报》（哲学社会科学版）2015年第2期。

［6］侯惠勤：《试论马克思主义的意识形态功能与价值》，《常熟高专学报》2003年第3期。

［7］黄继锋：《马克思是在怎样的意义上使用"意识形态"概念的——评国外学者的几种解释》，《国外理论动态》2000年第5期。

［8］黄新华：《当代意识形态研究：一个文献综述》，《政治学研究》2003年第3期。

［9］嵇文甫：《关于意识形态——一九五〇年十一月十九日对河大史地

系同学讲演》，《新史学通讯》1951 年第 1 期。

[10] 焦鸿飞：《当代资本主义的危机及其启示》，《理论探讨》2015 年第 2 期。

[11] 梁树发：《强化国外马克思主义哲学研究中的问题意识》，《河北学刊》2007 年第 4 期。

[12] 刘先春、关海宽：《马克思主义意识形态优势话语权的当代建构》，《上海行政学院学报》2010 年第 3 期。

[13] 刘英杰、魏澂：《意识形态何以提高经济绩效——意识形态的经济功能分析》，《东南学术》2015 年第 5 期。

[14] 刘宇兰：《意识形态概念的双重性剖析》，《兰州学刊》2011 第 12 期。

[15] 卢永欣：《西方马克思主义中的结构主义意识形态理论探析》，《广西社会科学》2014 年第 1 期。

[16] 鲁路：《意识形态批判的嬗变》，《马克思主义与现实》2004 年第 4 期。

[17] 陆树程、崔昆：《论社会主义核心价值体系认同的元问题——基于对马克思主义意识形态观的一种理解》，《马克思主义研究》2011 年第 8 期。

[18] 彭冰冰：《从总体性批判到个体言说——西方马克思主义意识形态批判的历史流变》，《中共福建省委党校学报》2015 年第 1 期。

[19] 宋德孝：《西方马克思主义消费异化批判的三个维度解析》，《创新》2015 年第 1 期。

[20] 汪信砚：《作为研究范式的马克思主义中国化》，《江汉论坛》2008 年第 11 期。

[21] 汪行福：《社会统治与意识形态的关系——西方马克思主义的两种解释路向》，《国外社会科学》2013 年第 1 期。

[22] 汪行福：《意识形态批判与历史唯物主义——俞吾金先生〈意识形态论〉的启示》，《复旦学报》（社会科学版）2012 年第 5 期。

[23] 王超：《大数据时代我国意识形态安全探析》，《学术论坛》2015 年第 1 期。

[24] 王凤才：《文化霸权与意识形态国家机器——葛兰西与阿尔都塞意识形态理论辨析》，《马克思主义与现实》2007 年第 3 期。

［25］王国敏、李玉峰：《挑战与回应：坚守马克思主义在意识形态领域的主流地位》，《马克思主义研究》2007 年第 11 期。

［26］王雨辰：《西方马克思主义的学术传统与问题逻辑》，《中国社会科学》2010 年第 5 期。

［27］王雨辰：《用"马克思主义哲学中国化"范式研究西方马克思主义》，《哲学研究》2008 年第 1 期。

［28］吴根友：《判教与比较——关于"比较哲学与比较文化研究"》，《哲学动态》2011 年第 5 期。

［29］徐崇温：《关于"西方马克思主义"的几个问题》，《学术界》1994 年第 4 期。

［30］徐海波：《"意识形态"与科学性》，《学术界》2002 年第 2 期。

［31］徐瑞涛：《由卢卡奇的总体性困境反思主体性》，《天津大学学报》（社会科学版）2017 年第 3 期。

［32］徐彦伟：《否定与中性：马克思意识形态概念的文本考察》，《求索》2009 年第 7 期。

［33］闫方洁：《西方新马克思主义消费社会批判理论的三个维度及其转向》，《河南大学学报》（社会科学版）2011 年第 3 期。

［34］杨生平：《关于意识形态概念的理解问题——兼与俞吾金等同志商榷》，《哲学研究》1997 年第 9 期。

［35］杨生平：《论西方马克思主义意识形态理论的存在论转向——兼论马克思主义意识形态理论》，《贵州社会科学》2011 年第 1 期。

［36］姚大志：《马克思主义意识形态概念的演变》，《河北学刊》1994 年第 4 期。

［37］姚大志：《西方马克思主义的意识形态理论》，《求是学刊》1994 年第 2 期。

［38］衣俊卿：《西方马克思主义的哲学范式转换及其启示》，《江苏社会科学》2006 年第 2 期。

［39］俞吾金：《回到马克思的批判理论——当代西方马克思主义意识形态理论探微》，《国外社会科学》2014 年第 1 期。

［40］郁建兴：《意识形态：一种政治分析——马克思意识形态概念新论稿》，《东南学术》2002 年第 3 期。

［41］郁建兴：《意识形态：一种政治分析——马克思意识形态概念新论稿》，《东南学术》2002 年第 3 期。

［42］袁祖社：《"文化现代性"的实践伦理与精神生活的正当性逻辑——现代个体合理的心性秩序吁求何以可能》，《思想战线》2014 年第 3 期。

［43］袁祖社：《"中国精神"的文化—实践自觉》，《北京大学学报》（哲学社会科学版）2012 年第 9 期。

［44］袁祖社：《实践参与、文化圆融、生存规范与法度的主体性自觉——"后全球化时代"中国价值观念之公共性新规制》，《社会科学辑刊》2013 年第 3 期。

［45］袁祖社：《文化与意识形态的良性博弈和社会价值合理化的思想语法》，《学术研究》2014 年第 2 期。

［46］袁祖社：《意义世界的创生及其自为拥有——人的超越性与自由本质探究》，《陕西师范大学学报》（哲学社会科学版）2001 年第 1 期。

［47］袁祖社、董辉：《"文化公共性"的实践与现代个体优良心灵秩序的养成》，《西安交通大学学报》（社会科学版）2014 年第 4 期。

［48］曾令辉、陈敏、石丽琴：《论加强我国社会主义意识形态领导权建设》，《马克思主义研究》2014 年第 1 期。

［49］张骥、申文杰：《马克思主义意识形态话语权在我国思想宣传领域面临的挑战与实现方式探究》，《当代世界与社会主义》2011 年第 1 期。

［50］张俊一：《新制度经济学意识形态理论的哲学阐释——兼论马克思主义意识形态理论的新视角》，《哲学动态》2001 年第 4 期。

［51］张士海、施秀莉：《当前中国共产党"文化领导权"面临的挑战》，《理论探讨》2012 年第 2 期。

［52］张文喜：《从存在论的境域把握马克思意识形态概念之核心》，《中国人民大学学报》2009 年第 5 期。

［53］张秀琴：《论意识形态的功能》，《教学与研究》2004 年第 5 期。

［54］张秀琴：《马克思与恩格斯意识形态观比较研究》，《马克思主义研究》2011 年第 2 期。

［55］张一兵：《马克思哲学的当代阐释——"回到马克思"的原初理论语境》，《中国社会科学》2001 年第 3 期。

[56] 郑永廷：《论社会主义意识形态的功能发展》，《中山大学学报》（社会科学版）2002 年第 6 期。

[57] 郑永廷、任志峰：《社会主义意识形态领导权和主导权研究》，《教学与研究》2013 年第 7 期。

[58] 周凡：《后马克思主义的政治概念——论拉克劳与莫菲对激进政治的重构》，《吉林大学社会科学学报》2006 年第 6 期。

[59] 周宏：《马克思意识形态概念的思想资源》，《江苏行政学院学报》2005 年第 2 期。

[60] 周宏：《西方马克思主义意识形态理论的逻辑进程》，《南京社会科学》2004 年第 2 期。

[61] 朱虹：《论社会主义意识形态的基本功能》，《武钢职工大学学报》2000 年第 4 期。

五 英文文献

[1] Agnes Heller, *Everyday Life*, London and New York：Routledge and Kegan Paul.

[2] Althusser, *Lenin and Philosophy and Other Essays*, trans. by Ben Brewster, New York：Monthly Review Press, 1971.

[3] Antonio Gramsci, *Selections from the Prison Notebooks*, London：Lawrence & Wishart, 1971.

[4] Chantal Mouffe ed. , *Gramsci and Marxist Theory*, London：Routledge & Kegan Paul, 1979.

[5] Ernesto Laclau & Chantal Mouffe, *Hegemony and Socialist Strategy: Towards a Radical Democratic Politics*, London：Verso, 1985.

[6] Ernesto Laclau, *Politics and Ideology in Marxist Theory*, London：NLB, 1977.

[7] Ernesto Laclau, *New Reflection on the Revolution of Our Time*, London：Verso, 1990.

[8] Gregory Elliot ed. , *Philosophy and the Spontaneous Philosophy of the Scientists*, London：Verso, 1990.

[9] Henri Lefebvre, *Critique of Everyday Life*, trans. by John Moore,

London: Verso, 1991.

[10] Henri Lefebvre, *Everyday Life in the Modern World*, London: Transaction Publishers, 1971.

[11] J. Larrain, *Marxism and Ideology*, London: Macmillan Press, 1983.

[12] Lacan, *Ecrits*, trans. by A. Sheridan, Tavistock, London, 1977.

[13] Mark Poster, *Existential Marxism in Postwar-France: From Satre to Althusser*, Princeton: Princeton University Press, 1975.

[14] Mike Gane ed. , *Baudrillard Live: Selected Interviews*, London & New York: Routledge, 1993.

[15] Raymond Geuss, *The Idea of a Critical Theory: Habermas and the Frankfurt School*, Cambridge: Cambridge University Press, 1981.

[16] Terry Eagleton, *Ideology: An Introduction*, London: Verso, 1991.

后 记

　　这本书是在我博士学位论文的基础上修改完成的。攻读博士学位期间，我在恩师袁祖社教授的指引下，确定将西方马克思主义意识形态批判理论作为我的研究方向。意识形态理论是马克思主义的重要组成部分，也是贯穿整个西方马克思主义的一条重要的思想主线，无论是早期的物化意识批判、总体性革命观、文化领导权思想，中期的大众文化批判、技术理性批判、日常生活批判、社会心理学分析，抑或是后期的消费社会批判、话语政治剖析、民主之路探寻，最终都必须要穿透资本主义意识形态的幻象，方能明晰社会革命（发展）的方向。研究西方马克思主义意识形态批判理论，对于新征程上我国着力建设具有强大凝聚力和引领力的社会主义意识形态、全面建成社会主义现代化国家，具有重要的借鉴意义和启示价值。

　　在近几年的教学科研实践中，我一直密切关注国外马克思主义的研究新动向，对西方马克思主义意识形态批判理论进行了进一步的思考和研究，也有了一些新的体会和感悟。但由于西方马克思主义流派纷呈、人物众多、意识形态理论深厚，有时候总感觉自己对他们的研究还没有达到理想中的高度，所以有点犹豫不决，博士学位论文没能申请公开出版。得知自己工作单位准备大力资助一批学术专著出版，我再也抑制不住内心的激动，力求将自己近几年对于意识形态理论的研究心得分享出来与大家共同探讨。

　　本书是我近两年在西安外国语大学人文社会科学研究院、当代国外马克思主义研究中心取得的科研成果之一，感谢科研机构管理中心的熊华宁老师、黄桂婷老师为我开展工作提供了诸多便利。

　　衷心感谢一路走来鼓励、支持、帮助过我的各位师友！

　　众多国内外研究西方马克思主义、意识形态等问题的学术前辈，他们的开创性工作，为本书的写作提供了丰富的资料和有益的启迪，我的研究正是在他们的成果基础上进一步展开的，在此一并谢过。

感谢在本书出版过程中给出宝贵修改意见的各位专家学者！

特别感谢社会科学文献出版社马克思主义分社曹义恒社长以及吕霞云编辑、周浩杰编辑等为本书出版的辛勤付出，他们的细致为本书质量提供了有力保障。

由于本人能力、水平有限，书中不当之处，恳请读者批评指正。

伍云亮

2024 年仲春于西安

图书在版编目（CIP）数据

西方马克思主义意识形态批判理论／伍云亮著.
北京：社会科学文献出版社，2024.10. -- ISBN 978-7-
5228-4173-1

Ⅰ. B089.1

中国国家版本馆 CIP 数据核字第 2024ZG5143 号

西方马克思主义意识形态批判理论

著　　者／伍云亮

出 版 人／冀祥德
组稿编辑／曹义恒
责任编辑／吕霞云
文稿编辑／周浩杰
责任印制／王京美

出　　版／社会科学文献出版社·马克思主义分社（010）59367126
　　　　　　地址：北京市北三环中路甲 29 号院华龙大厦　邮编：100029
　　　　　　网址：www.ssap.com.cn
发　　行／社会科学文献出版社（010）59367028
印　　装／三河市尚艺印装有限公司

规　　格／开　本：787mm×1092mm　1/16
　　　　　　印　张：12.5　字　数：204千字
版　　次／2024 年 10 月第 1 版　2024 年 10 月第 1 次印刷
书　　号／ISBN 978-7-5228-4173-1
定　　价／89.00 元

读者服务电话：4008918866